btb

Buch

Es geht um unser Leben, sagt Carl Amery in seiner brisanten Streitschrift. Unsere Welt wird im neuen Jahrtausend, beschleunigt durch den Sieg des Totalen Marktes, zusammenbrechen und unbewohnbar werden. Zentrale Aufgabe für die historischen Kirchen der Christenheit muß es deshalb künftig sein, den Kampf gegen die Religion des Totalen Marktes aufzunehmen und für eine funktionierende Zukunftsgesellschaft zu wirken. Wie kann die Erde als bewohnbarer Planet bewahrt bleiben? Die lateinamerikanische Befreiungskirche könnte ein Beispiel sein für den Exodus aus dem »Sklavenhaus des globalen Kapitalismus«. Was hindert die Kirchen daran, diesen Weg einzuschlagen?

Einer der führenden Denker der Bundesrepublik meldet sich mit einer schonungslosen Analyse zu Wort.

Autor

Carl Amery, geboren 1922, Mitglied der Gruppe 47, 1989 zum Präsidenten des deutschen PEN-Zentrums gewählt, wurde mit zahlreichen Preisen ausgezeichnet, unter anderem 1991 mit dem Literaturpreis der Stadt München. Er ist Katholik, war Mitbegründer der Grünen und hat viele aufsehenerregende Bücher geschrieben. Darunter »Die Kapitulation oder Der real existierende Kapitalismus« und »Die ökologische Chance« sowie zuletzt »Die Botschaft des Jahrhunderts« und »Hitler als Vorläufer«.

Carl Amery

Global Exit

Die Kirchen und der Totale Markt

btb

2. Auflage
Genehmigte Taschenbuchausgabe Januar 2004,
btb Verlag in der Penguin Random House Verlagsgruppe GmbH,
München

Umschlaggestaltung: Design Team München
SK · Herstellung: Augustin Wiesbeck / BoD
Printed in Germany
ISBN 978-3-442-73133-6
www.btb-verlag.de

In memoriam
Elisabeth Käsemann
Ignacio Ellacuría

Des Herrn Hand kam über mich, und er führte mich hinaus und stellte mich mitten auf ein weites Feld, das lag voller Totengebeine. Und er führte mich überall hindurch, und siehe, es lagen sehr viele Gebeine über das Feld hin, und sie waren ganz verdorrt. Und er sprach zu mir: Du Menschenkind, meinst du wohl, daß diese Gebeine wieder lebendig werden? Und ich sprach: Herr, mein Gott, du weißt es.

HESEKIEL 37,1–3

INHALT

III. Das Notwendige – Wort und Tat

Fazit

Grundriß

Es ist vorauszusehen, daß die Lebenswelt, wie wir sie kennen und bewohnen, im Laufe des anhebenden Jahrtausends zusammenbrechen und unbewohnbar werden wird.

Es ist vorauszusehen, daß die Kirchen der Christenheit sehr bald, vielleicht im Laufe dieses Jahrhunderts, in völlige Bedeutungslosigkeit absinken werden.

Es soll gezeigt werden, daß diese beiden Aussichten, wenn zusammengeführt und ineinander gespiegelt, eine gewaltige Pflicht enthüllen – und eine gewaltige Chance gebären.

I

Die Reichsreligion

1 Zeit-Raum des Totalen Marktes

Unsere Lebenswelt könnte untergehen. Dies wäre die Folge unserer Fortschritte in der Naturbeherrschung und unserer Unfähigkeit (oder Unwilligkeit), diese Fortschritte lebensgerecht zu ordnen und zu überwachen.

Daß es dazu kommen kann, ist nicht unlogisch. Aber daß es dazu kommen muß, ist nicht zwingend.

Homo sapiens sapiens, erst vor kurzem in die Lebenswelt entbunden, begriff diese als Gefahr und Beute. Was er zum Überleben benötigte, fand er zur Not in seinem Kopf und in den Sinnen vor, und er folgte (was blieb ihm anderes übrig?) zunächst dem Programm alles Lebendigen, gespeichert im limbischen Reptiliengehirn: Nähre dich redlich oder unredlich, hol dir, was du schnappen kannst, multipliziere dich, mach's dir so bequem, wie's dir die Welt erlaubt, mit den dir erreichbaren Ressourcen. (So weiß es schon und so handelt, viel tiefer unten auf der Skala des Lebendigen, das Programm der Bierhefe: Sein folgerichtiger Endpunkt, kulturell vom Brauer herbeigeführt, ist der Erstickungstod in den eigenen Exkrementen. *Causa finalis*, Endziel: Das könnten wir durchaus erleben.)

Daneben aber, vielmehr darüber, das eigentliche Humane – und das ist nicht die Einbrecher- und Diebesgeschicklichkeit des *homo oeconomicus*: Kisten aufeinanderstapeln, um an die Bananen zu kommen, dergleichen schafft Vetter Schimpanse allemal. Das spezielle Humanum, die wirkliche Differenz zur Zoologie, das ist die Reflexion der eigenen Lust und Pein, der Blick auf die Schatten an der Höhlenwand – und der Versuch, dies alles (das Fressen, das Gefressenwerden, den Auf- und Untergang der Sonne, das Traumgespräch mit dem verstorbenen Vater, die Angst vor den tausend Augen von den nahen Hügeln, den unentrinnbaren Tod) zum verständlich-verständigen Muster zu ordnen – *to establish order out of noise*. So entstehen Epen und Kathedralen, so entstehen aber auch Wahnsinnssysteme und Wahnsinnstaten der verschiedensten Art und Schattierung, der *homo sapiens* ist unvermeidlich und von Anfang an auch der *homo demens*, der Verrückte in Zeit und Raum.

Daraus erwuchsen Kulturen, gräßliche und wundervolle; und damit war wundervoll und gräßlich zu leben – und zu sterben. Denn zur allgemeinen Krise des Lebendigen führten sie deshalb nicht, weil der Tod noch zu mächtig war, die unentbehrliche Verkehrsform des Lebens: Wirbelt die Spirale des Ausgriffs, der Jagd nach Glück und Ressourcen, zu weit in schlechte Unendlichkeit, dann zieht sie die zentripetale Kraft von Not und Tod an die festigende Achse zurück. Viel Grün, und die Schneehasen vervielfachen sich; viel Schneehasen, und die Zahl der Polarfüchse explodiert – bis das Gras verwelkt, die Hasen gefressen, die Füchse dezimiert sind. Gab es eine verheerende Pest, dann starb die Hälfte der Leute, die Rodungsflächen erholten sich, und die Löhne der Dienstboten stiegen. Die piekfeine, die hochmoderne, die Globalkrise: die besorgte uns der *homo oeconomicus*, der im Bierhefe- und

Schimpansenprogramm nicht nur verharrte, sondern es zum Motor des Fortschritts verklärte; immer mehr von seinen höheren Fähigkeiten (zuletzt den ganzen *Produktionsfaktor Wissenschaft*) investierte er in den stets weiteren Ausgriff der Gierspirale, den (letzten Endes tragikomischen) Erfolg der Panikflucht vor Not und Tod, weg von der Todesachse, die er nicht als Stabilisierung, sondern als Verhöhnung, als Beleidigung, als unbedingt zu beseitigenden Grundfehler der Existenz begreift (vielmehr: zu begreifen vorzieht).

Opportunismus im Treppenhaus: Genesis des Kapitalismus

Die großen alten Systeme des Höheren, der Ethik, der Philosophie und Theologie, geben dazu nicht viel her. Sie haben die schlauen Basteleien mit Kot, Eisen und Dynamit, mit Nachschlüssel und Genomen nie als zentralen Gegenstand ihrer Betrachtung gesehen, sie haben keinen Geschmack daran. Sie bewerten, entwerten das alles als notwendige Lästigkeiten, als die – möglichst diskrete – Anfuhr der Lebensmittel durch den Lieferanteneingang ins Parterre des Zivilisationsgebäudes; in den oberen Stockwerken werden ausschließlich höhere Werte gepflegt und Sternbilder ausgespäht. Wenn grabschender Opportunismus diesem Streben zu offensichtlich lästig wird, wenn er zuviel Krach im Parterre macht, blickt man unwillig durchs Treppenhaus hinunter und mahnt zum »rechten Gebrauch« der Ressourcen, was den Opportunisten weiter nicht stört. Spätestens seit Francis Bacon, Adam Smith und Karl Marx hat er ohnehin seine eigenen philosophischen Büchsenspanner gefunden.

So konnte sich denn der Kapitalismus als »Parasit des Christentums«, oft genug in religiöse Vorwände vermummt, unbehelligt von witternden Inquisitoren durch Jahrhunderte nähren und stärken, bis er als die eine unsinnige, aber übermächtige

Weltsicht und Weltordnung hervortrat, als wichtigste Quelle und Garantie zivilisatorischer Verblendung – bis hin zur Unfähigkeit, die Verblendung und ihre Gefahren überhaupt ernsthaft zu reflektieren.

Diese Weltsicht und Welt-(un-)ordnung formte sich also seit Jahrhunderten. Manche erblicken ihre Keime schon im Papst-Kaiser-Streit des 11. Jahrhunderts, der im Abendland die große Scheidung von »sakral« und »profan« einleitete, zumindest aber im Konflikt zwischen dem Vatikan und Barbarossa, der zeitlich nicht zufällig mit dem kometenhaften Aufstieg der italienischen Stadtstaaten zusammenfiel. Wirtschaftsherrscherlicher Kolonialismus wird als System nach dem Zusammenbruch von Byzanz im IV. Kreuzzug (1204) sichtbar und wirksam; vor allem Venedig und Genua schnappen sich die Gewürzinseln der Ägäis, und das Italienische liefert alle wesentlichen Fachausdrücke der Bankersprache. Was noch fehlt, ist die große Liquidität – und der erbarmungslose Erwerbsfleiß. Erstere liefern dann Spanier und Portugiesen (nebst ihren Schmarotzern, den mehr oder weniger lizensierten nordeuropäischen Piraten und den Amsterdamer Bankern), letzteren die sogenannte protestantische Ethik des tätigen Bürgertums. (Sie wird historisch genauer zu bestimmen sein.) Das alles nimmt seinen unaufhaltsamen Lauf, den schließlich hymnisch Marx' *Kommunistisches Manifest* beschreibt, und erwirbt im Laufe des 20. Jahrhunderts alle Züge einer weltweit herrschenden Religion.

Kapitalismus und andere Namen

Von 1921 stammt ein Aufsatzfragment Walter Benjamins, zweieinhalb Seiten unter dem Titel *Kapitalismus als Religion*. Tiefer und genauer beschrieb selten jemand die neue Macht; es wird auf diesen Text noch öfter eingegangen werden müssen. Doch war er für die meisten Zeitgenossen, auch und gerade den

Engagierten im Arbeiterbewegungssozialismus, zu tief und genau – man blieb lieber im tagespolitischen Kriegstheater; zudem wurde die volle Evidenz für das, was Benjamin erspürte, erst Jahrzehnte später nachgeliefert. (Heute häufen sich die Beweisstücke, real und metaphorisch, vor und hinter den Haustüren der schönen neuen Welt.) Aber religiöse Wahrheit, wenn sie denn eine ist, läßt sich auf die Dauer nicht vermeiden; zahlreiche, immer zahlreichere Werke und Publikationen, vor allem auch aus dem Reich der theologischen Lehrstühle, befaßten und befassen sich mit Benjamins ahnungsvoller Definition.

Sicher, Widerstände gegen alte und neuere Benennungen gibt es nach wie vor. Die siegreiche Religion einfach »Kapitalismus« und den Kapitalismus einfach »Religion« nennen? Durch Generationen von Klassenkampf, durch bourgeoise und proletarische Requisiten und Sentiments gehandicapt, gelingt dem Wort der Sprung in die höheren Sphären des Zeitgeistes nicht mehr so recht.

Auch andere Bezeichnungen werden versucht: Einige christlich Entschlossene wecken die biblische Erinnerung an den Mammon, dem man, wie Jesus sagt, nicht gleichzeitig mit Gott dienen könne (Matth. 6,24), und sie sprechen vom *Mammonismus*. Das ist auch tief und genau, aber es stellt den Verwender sofort auf die Prophetenkanzel, etwas anachronistisch-pathetisch in Chorrock und Talar, zu abgehoben vom angestrengt gefühlsfreien Ton des zeitgenössischen Tagesgesprächs. Zudem drängt sich die Frage auf, ob es wirklich statthaft ist, den Motor und den Treibstoff moderner Volkswirtschaften diesen Boden- und Zollpächtern der Antike, den Nullsummenspielern, den Zulieferern des Despotismus gleichzusetzen, die Jesus von Nazaret damals sicher gemeint hatte. Wohl ziemlich unwissenschaftlich …

Am unmißverständlichsten (und am aktuellsten) ist es wohl, von der Religion des *Totalen Marktes* zu sprechen. Der Terminus ist zeitgemäß, er umfaßt alle wesentlichen Aspekte dessen, worum es geht; und vor allem ist er zunächst nicht parteiisch. Den Totalen Markt als Ideal und Programm lancieren schließlich seine eigenen Anhänger, die Banner von WTO und GATT (*World Trade Organization* – Welthandelsorganisation – und *General Agreement on Tariffs and Trade* – Allgemeines Zoll- und Handelsabkommen) und Weltbank flattern ihnen voran, sie *wollen* den Totalen Markt (so ahnungslos wie die Leute 1943 im Berliner Sportpalast, die mit Dr. Goebbels den totalen Krieg wollten). Nehmen wir sie also beim Wort, bleiben wir im folgenden bei diesem Machttitel. Sprechen wir vom Totalen Markt – und dem lebensnotwendigen Aufstand gegen ihn.

Religion ohne Transzendenz?

Verbleibt der Zweifel am Oberbegriff »Religion«. Auch gegen ihn erhebt sich zwangsläufig Protest, von Anhängern wie Gegnern.

Da sind die Säkularisierten, die von jeder Art Weihrauch die Nase voll haben. Wie? Ist der Totale Markt nicht das genaue Gegenteil von Religion? Man kann ihm allerhand vorwerfen, so meinen sie, aber bitte nicht gerade das. Ist er nicht das (jedenfalls vorläufige) Endprodukt von Jahrhunderten wachsender Weltlichkeit, der Befreiung von dogmatischen Gängelbändern, der Vervielfachung der persönlichen Optionen, die (vielleicht erst vorläufige) Verwirklichung von Kants »Ausgang aus der selbstverschuldeten Unmündigkeit«? Korrekturen sind angesagt, gewiß, es gibt die wohl unvermeidliche evolutionäre Beschleunigungskrise. Aber damit sollte man nüchtern umgehen, pragmatisch, wie es der antiutopische Zeitgeist spätestens seit dem 19. Jahrhundert erfordert.

Praktisch das gleiche werden die vorbringen, denen noch an Religion gelegen ist – nur mit gänzlich anderem Vorzeichen. Für sie ist es gerade das Trostlose am Totalen Markt, daß er alles Numinose, Metaphysische nicht so sehr verleugnet, als unzugänglich macht – durch sein vordergründiges, stures Kreisen um Kraft und Stoff und Interessen. Ihn da, in von ihm selbst so gewolltem und errungenem Zustand, noch Religion nennen? Das verkennt doch wohl sein Wesen und erweist ihm allzuviel Ehre!

Aber genau hier, bei der fast völligen Transzendenzarmut, gilt es anzusetzen. Geben wir angesichts dieser Aporie, dieser klaffenden Lücke des metaphysischen Nichts dem Benjamin von 1921 das Wort:

> Es trägt zur Erkenntnis des Kapitalismus als Religion bei, sich zu vergegenwärtigen, daß das ursprüngliche Heidentum sicherlich zuallernächst die Religion nicht als ein »höheres«, »moralisches« Interesse, sondern als das unmittelbarste praktische gefaßt hat; daß es sich mit anderen Worten ebensowenig wie der heutige Kapitalismus über seine »ideale« oder »transzendente« Natur im klaren gewesen ist…

Anders ausgedrückt: Kapitalismus funktioniert als eine Religion aus bloßem Kult, ohne Dogma.

Das verwiese ihn weit in die Geistesgeschichte der Menschheit zurück, hinter die Geburt der Hochreligionen, ja hinter die Errungenschaften der alten Zivilisationen mit ihren verzweigten Vielgöttertheologien, zurück an die Opfersteine der neolithischen Bauern, die gestaltlose Drohungen des Unbegreiflichen fürchteten und zu besänftigen suchten.

Hier ist Benjamin zu widersprechen – obwohl er recht hat. Der Totale Markt schützt absoluten Pragmatismus, das Ende jeglicher Utopie vor, aber er hat durchaus eine Dogmatik, sie ist nur hinter einer Menge pseudowissenschaftlichen Wustes – und hinter den Parolen seiner Seelsorge – verborgen. Was Benjamins Ansatz jedoch bedenkenswert macht, was wir festhalten sollten, ist der Hinweis auf die Funktion des Kults, eines – wie er sagt – Kults »*sans rêve et sans merci*«, eines traum- und gnadenlosen, eines steten und kaum mehr reflektierten Dienstes, der die Welt von heute bestimmt; eines Kults, in dem wir »leben, atmen und uns bewegen« (Paulus). Auf dieser archaischen, unreflektierten Ebene funktioniert der Totale Markt in der Tat als Reichsreligion, selbst wenn das strikten religionswissenschaftlichen Kategorien nicht ganz entsprechen sollte. Was zählt und worum es geht, ist die Wirkung. Und die ist so brutal wie universal, ist die Wirkung einer fast unreflektierten und daher fast unwiderstehlichen profanen Religiosität.

Ökonomischer Fundamentalismus

Die Brutalität beruht auf dem obersten und ersten dogmatischen Satz des Totalen Marktes: Alles hat einen Preis – ergo, alles kann gekauft werden. Und wenn es noch keinen Preis hat, wird ein solcher ermittelt und eingeführt. Mit diesem völlig intoleranten Satz enthüllt sich die scheinbar so freiheitliche Reichsreligion als fundamentalistisch – ihrem Wesen und ihren innersten Absichten nach. Das heißt: Es gelingt ihr durchaus erfolgreich, uns von der Deutung der komplizierten, weil wirklichen Lebenszusammenhänge abzuhalten (selbst dort, wo vorurteilsfreie Wissenschaft ihre immer subtileren Komplexitäten zu verstehen lehrt) und unser Herz wie unser Hirn ausschließlich mit den fixen Ideen des Totalen Marktes zu beschäftigen. Hierin gleicht sie den Fundamentalismen, wie sie gegenwärtig aus oder neben fast allen großen Religionen hervortreiben, auch innerhalb der Konfessionen der Christenheit. Ja, die Religion des Totalen Marktes ist in der Tat ein Fundamentalismus: Eine geschlossene, also paranoische Logik wird zum heimeligen Wohncontainer, aus dem Unzugängliches und Widersprüchliches ausgesperrt wird und der alles Draußen zur Feindlandschaft, bestenfalls zur inerten und verfügbaren Handlungs- und Handelsmasse vereinfacht.

Dies ist also das gar nicht so mysteriöse Geheimnis seines

Erfolgs: Seine Transzendenz ist die völlige Leugnung einer solchen; so wie es der Weltaufsichtsrat in Aldous Huxleys prophetischer Geschichte von der schönen neuen Welt verkündet: »Gott manifestiert sich hier und heute durch Seine Abwesenheit« (und, ergänzen wir, in der Andacht, mit der wir Abend für Abend auf die Thorarollen der Börse starren, trügerische Schlüsselcodes für die Geheimtür in die ungeheure kapitalistische Erlösung ...).

Die Religion des Imperiums

Heute, in der Ära der Globalisierung, erfüllt der Glaube an den Totalen Markt also keineswegs nur wirtschaftliche Aufgaben; er ist nicht nur Erbauer eines solchen fundamentalistischen Systems und Stifter seiner Liturgien, sondern ist darüber hinaus in die hochpolitische Funktion einer Reichsreligion nach Art des *Imperium Romanum* emporgerückt, und zwar des heidnischen vor der konstantinischen Wende von 312.

Dieses Imperium war tolerant. Man redete lieber griechisch als lateinisch. Man stellte vitale neue Mischkulturen in den Stadtkulissen einer vergröberten hellenistischen Architektur her, huldigte tausend Göttern unterm Gewölbe des Reichspantheon, hielt sich auch offen für jede Art von Skeptizismus. Aber als Schlußstein des Gewölbes, der alles zusammenhalten sollte, galt der Kaiserkult. Er manifestierte sich in der formellen Verehrung des *numen Caesaris*, der Göttlichkeit des Herrschers, oder seiner Fortuna, denen man ein paar Weihrauchkörner zu streuen hatte. Seine Person – ob er ein eminenter Philosoph oder eine Puppe der Garden war oder beides – besagte gar nichts. Sein Kult war eine Art Verfassungseid. Und den leisteten eben alle, bis auf die Juden und Christen (soweit sie standhaft blieben). Das, und nicht etwa der Zwang, ein paar fast gänzlich ins künstlerische Repertoire abgerutschte Olympier anzubeten, war die imperiale Räson der Christenverfolgungen. Der Kaiserkult als solcher war keine Religion – er war, wenn man so will, eine Metareligion, und zwar eine transzendenzarme, die dem Mithras und der Isis, den keltischen Drei Matronen und den Mysterien der Demeter genug Raum für ihre um vieles geheimnis- und trostreicheren Heilsversprechen ließ.

Was störte die christliche Minderheit an der Metareligion der kaiserlichen Allmacht? Daß sie die Tür zur Hoffnung endgültig zuschlug, daß sie keine Alternative mehr duldete, ja erkennen ließ. Der Kaisereid bedeutete: TINA, *there is no alternative,* es gibt keine Erwartung darüber hinaus. Aber sie, Christen und Juden, glaubten an die Alternative. Sie verehrten den einen ganz anderen: den Gott des Bundes, und sie erwarteten ihn.

Zurück in die Gegenwart, die nun leicht erkennbare! Seit 1989, soviel ist klar, leben wir in einer sehr ähnlichen, weil vom Imperium verordneten und fast spielend durchgesetzten alternativlosen Situation. Religiöse Konflikte im überlieferten Sinn sind eingestellt oder eingeschlafen (wenn man von historisch belasteten Brennpunkten wie Nordirland oder Palästina absieht); alle Kulte, von den Großkirchen über Islam und Buddhismus bis zur Exotik von Baghwan und der manischen Scientology, sind mehr oder weniger toleriert. Aber es wird selbstverständlich angenommen, daß sich darüber ein unwiderruflicher Konsens, eine Zivilreligion, ein *way of life* oder auch, wie Walter Benjamin schrieb, ein traum- und gnadenloser Kult wölbt, der alle unsere wesentlichen Entscheidungen alternativlos, oft schon im Vorfeld des scheinbaren *common sense* bestimmt.

Man macht uns vor, daß der die moderne Weltgesellschaft überwölbende Konsens ein Konsens des Rechts und der Zivilisation sei; der Appell von George W. Bush nach dem 11. September 2001 und die absolute Einstimmung der prominenten Staatschefs beruhten auf dieser Annahme. Aber selbst der flüchtigste Blick auf unsere sogenannte neue Weltordnung belehrt uns eines Besseren. Menschenwürde wird höchst selektiv eingefordert und verteidigt und fast nie ohne Rückbindung an hegemoniale Interessen der Vormächte des Totalen Marktes. Die Herrschaft, d. h. die vorgeschaltete Selektionsmacht, des Totalen Marktes ist komplett. (Vielleicht gab es auch im alten Rom melancholische Kaiser, welche die Zwänge der Staatsräson bedauerten und den hochmoralischen Stoizismus ihrer höheren Beamten als Gesinnungsethik schätzten...)

Der geheime Sinn des kalten Krieges

Diese Herrschaft begann sich natürlich wesentlich früher als zu unseren Lebzeiten zu entwickeln, aber lange blieb sie verschleiert durch die lärmenden Konfrontationen des kalten Krieges, in dem beide Seiten ein bis dahin unerhörtes Potential von Zerstörungsmaschinen gegeneinander in Stellung brachten. Wie schon oft wurde auch damals übersehen, daß die fürchterlichsten Kriege nicht so sehr die Religions-, sondern die Konfessionskriege zu sein pflegen. Die sogenannte freie Welt und der real existierende Sozialismus teilten dogmatisch die gleiche, finale Heilsvorstellung einer Welt, in der die endlich ungehemmten, entfesselten Produktivkräfte die Zuckererbsen für alle endgültig vom Himmel auf die Erde holen würden – im Spiel und Widerspiel von Bedürfnissen und Bedürfnisbefriedigung. Der Streitpunkt, der fast tödliche, war nicht der neue Himmel, war nicht das zentrale neue Heil, das beide Seiten gleich definierten und (zumindest theoretisch) anstrebten, sondern der Weg dahin: freier Markt oder Plan? Und an dieser unsinnigen und daher unauflöslichen Kontroverse entzündeten sich (Gott sei Dank nur metaphorisch) die Geister diesseits und jenseits der großen Grenze.

Die mehr oder weniger festangestellten Weisen der feindlichen Konfessionen bemühten sich in wahrhaft heroischer Selbstentäußerung, alles übrige, von der Dreifaltigkeit bis zum

Kaffeeklatsch, als Derivate des Produktions- und Konsumtionsprozesses zu entlarven oder wenigstens zu interpretieren – einschließlich des eigenen geistigen Handels und Wandels. Doch stimmten keineswegs alle Geister, insbesondere die unabhängigen nicht, der jeweiligen territorialen Sprachregelung zu. Gerade die interessanteren unter ihnen, ob östlich oder westlich der Elbe, stemmten sich fast instinktiv gegen die ausgegebenen Konfessionsparolen, und zwar (bezeichnenderweise) jeweils im Namen der Freiheit – letztlich der Freiheit vom eigenen Fundamentalismus, der Freiheit, aus den Wänden des jeweiligen Containers ins Alternative auszubrechen.

Westeuropa wimmelte von Denkern, die sich nicht nur zum Marxismus bekannten (auch wenn sie oft eine akademisch differenzierte Version der Lehre verkündeten, fern von den alten Grobheiten der Arbeiterbewegung und der Bolschewiki), sondern unter Gewissensgrimmen den Realsozialismus jenseits der großen Grenze in Schutz nahmen, weil sie dort ein noch nicht entfaltetes, aber letztendlich doch höheres Freiheitspotential vermuteten – trotz aller offensichtlichen Unzulänglichkeiten.

Aber dortselbst, inmitten der Unzulänglichkeiten, war es genau umgekehrt: Wer sich dort auf Dissidenz einließ, der verwarf die angemaßte Alternativlosigkeit der mühsam begründeten realsozialistischen Herrschaftsideologie – und ließ sich, oft mit Vorbehalt, oft kritiklos, auf die prunkvolle Wirtschaftskonfession jenseits der Grenze ein, die sich jede Menge Rede- und Meinungsfreiheiten leisten konnte – die Kuppel ihres Pantheons ist hoch und weit. Wie lebhaft es in diesen Massenturnieren der Geister zuging, wieviel ätzende (und groteske) Verbitterung, ja theologische Raserei da am Werke war, davon zeugt die Diskursgeschichte des 20. Jahrhunderts gut und ausgiebig.*

* Besonders malerische Einblicke gewähren etwa die Protokolle von Schriftstellerkongressen diesseits und jenseits der Elbe.

Dabei kam es mitten im kalten Krieg, in Zwischeneiszeiten, zu Episoden, die blitzschnell den Horizont erhellten und aufwiesen, was nach wie vor der gemeinsame Väterglaube war: der Glaube an die gute alte Wachstumsspirale. Eine dieser Episoden ereignete sich in der Chruschtschow-Ära, als es zu einem Sechzehn-Milliarden-Deal zwischen der amerikanischen AT&T und den Moskauer Wirtschaftsplanern kam. Das übliche Abschlußbankett wurde mit Adschubej, Chruschtschows Schwiegersohn, zelebriert, und der erhob sein Glas zum Toast und trank weder auf den Sozialismus noch auf den Kapitalismus, sondern verdammte rundweg jene »Ideologen, die das Wirtschaftswachstum stoppen wollen«. Dergleichen passierte natürlich nicht so oft, daß die Mehrheit der jeweiligen Intelligenzija etwas gemerkt hätte …

1989 endete die lange, lebensgefährliche Konfrontation mit einer logischen Pointe: Das Sowjetimperium machte auf altmodisch-kapitalistische Weise bankrott. Es starb nicht zuletzt an den eigenen Lügen, die es nicht mehr von der Wahrheit zu unterscheiden vermochte, weil Furcht und Routine alle Rückmeldungen verzerrten. Aber man sehe genauer hin, nehme seine ideengeschichtliche Funktion hinter den grimmigen Schattenspielen des 20. Jahrhunderts genauer wahr! Sie war ganz anders, als es etwa das simple Gerede Ronald Reagans vom »Reich des Bösen« vermutete oder vermuten lassen sollte – und als es der Gegner ahnte. Wir alle nahmen mehr oder weniger arglos hin, worum es zu gehen schien: Wir akzeptierten die Auseinandersetzung mit der UdSSR (dem Reich des »gottlosen Kommunismus«, wie es vor allem in der Frühzeit des kalten Krieges genannt wurde) als das zentrale Ereignis unserer Lebensspanne, wir nahmen mehr oder weniger differenziert Partei – während es in Wahrheit längst um weit zukunftsmächtigere Dinge ging. Die jeweiligen finalen Slogans und die apokalyptischen Dimensionen der beiderseitigen nuklearen Aufrüstung verhüllten den Heraufzug der endlich universal siegreichen Konfession, den Beginn der Alternativlosigkeit, das

»Ende der Geschichte« (Francis Fukuyama), das nun, als immerwährend ausgerufene Herrschaft des Totalen Marktes, den endgültigen Abschied aus dem Tränental der materiellen Beschränkung einläutete.

Denn längst vor 1989, spätestens seit der Wahl Reagans zum US-Präsidenten, stiegen hinter der Kulisse des kalten Krieges zwei viel wichtigere Probleme empor: erstens die Auseinandersetzung mit dem sogenannten sozialdemokratischen Jahrhundert, zweitens die Unvereinbarkeit der Reichsreligion mit der aufkeimenden biosphärischen Bedrohung. Der Nutzen des kalten Krieges für die aufsteigende Reichsreligion bestand also darin, daß er jene zwei wesentlichen Konfliktstoffe an den Rand des Bewußtseins schob und verschleierte und daß er dahin instrumentalisiert werden konnte, »Freiheit« und Totalen Markt immer unverfrorener als Identität auszurufen, gegen die niemand, dem Menschenwürde kostbar war, etwas haben konnte und durfte.

Die große Liquidierung

Das »sozialdemokratische Jahrhundert« (letzten Endes wohl nichts anderes als der schwierige Versuch, den alten Schutzauftrag der Herrscher für Arme und Schwache mit säkularisierten Mitteln auf die demokratische und ökonomische Höhe der Zeit zu bringen) wurde und wird vor unseren Augen liquidiert, nicht zuletzt durch die Liquidierung der Arbeiterklasse. *Liquidieren* heißt »verflüssigen« – und, in der Konsequenz, überflüssig machen. Dies galt und gilt vor allem in der sogenannten dritten Welt: Überflüssigkeit trat und tritt an die Stelle der Ausbeutung, die Menschen, die dort zu Milliarden herumlaufen, sind letzten Endes »Wohlstandsmüll«.

Hierzulande, in den Regionen der kapitalistischen Reife, ist eher von Gulaschzubereitung zu sprechen: Brocken alter Werksolidität schwimmen in einer Sauce aus Scheinselbständigkeit, Just-in-time-Jobs und Outsourcing; die Erhaltung und erst recht der Aufbau einer Arbeiterkultur ist unter solchen Umständen ausgeschlossen. Dem Wegfall der äußeren Herausforderung durch den Kollaps des Realsozialismus entspricht so der Schwund der inneren in unser aller Bewußtsein. Nur ein solcher Schwund vermag den Sieg der (erkennbar schwachsinnigen) neoliberalen Parolen zu erklären, die von allen Feldherrnhügeln erschallen. Der Diskussionsgewinn der sechziger und siebziger Jahre ist praktisch in der Versenkung verschwunden, man zerschlägt soziale Sicherungen, die in die Bismarckzeit zurückreichen, man garniert krasses Ausbeutertum mit Talmi-Girlanden wie »Flexibilität«, »Kreativität«, »Modernisierung«, und selbst der bloße Hinweis auf das rapide Wachsen der Riesenvermögen wird mit der Denunziationsformel »Sozialneid« abgetan. Der Triumph über das sozialdemokratische Jahrhundert scheint somit komplett.

Aber der Kaiser ist nackt

Bleibt die zweite Tatsache: der drohende Kollaps der Biosphäre.

Da steht der Kultkaiser plötzlich nackt da.

2 Ohnmacht und Allmacht

Dieser Konflikt hat anderes Format. Seine schreckliche Erhabenheit ist ohne Vorbild seit Menschengedenken. Aber es ist klar: Die Dimension der Gattungsfrage (und um nicht weniger handelt es sich) ist in der fundamentalistischen Wohn- und Betriebsschachtel des Totalen Marktes schlechthin nicht unterzubringen. Die unsichtbare Hand, die alle egoistischen Erwerbsmanöver zu Rädchen eines zweckvollen Uhrwerks macht, bewährt sich schon nicht im sozialen Bereich, geschweige denn in der viel umfassenderen biosphärischen Krise.

Kosmische Ironie

Die kosmische Ironie der Gegenwart enthüllt sich: Während der Mammonismus nach Jahrtausenden der Camouflage, der partiellen Siege, des regionalen Vordringens endlich alle seine Gegner zur bedingungslosen Kapitulation, zum Kotau vor seinem Thron gezwungen, vielleicht sogar überredet hat, plumpst er selbst in die biosphärische Falle, steckt in einer Reuse der Realität, die das Gerede vom »Ende der Geschichte« in einen tiefschwarzen, aber höchst passenden Sarkasmus verwandelt: Die Spezies rasselt durchs Weltgeschichtsexamen, das Fach »Menschengeschichte« wird (als vielleicht nützlicher Irrläufer, als warnendes Märchen) aus der Evolution gestrichen. Was den grausamen Lebensbedingungen des Spättertiärs und der

Eiszeit nicht gelang – dem Menschen des Totalen Marktes gelingt es nunmehr mit Hilfe seiner herrlichen Errungenschaften, und es gelingt ihm mehr, als es sich der halbverhungerte Vorzeitjäger oder der massakrierende Despot je hätten träumen lassen: Er reißt Myriaden von Lebensformen ins eigene Ende mit. Wenn wir schon verschwinden müssen, schlagen wir, wie der schon erwähnte Dr. Goebbels das Ende des Dritten Reiches haben wollte, die Tür mit einem Knall zu, daß das Weltall erzittert. Nun, das Weltall ist 1945 nicht erzittert, da nahm der kleine Doktor den Mund zu voll. Und auch der Mammonismus wird das Weltall nicht zum Untergang zwingen – aber einiges mehr als Hitler und die Seinen wird er allemal zerstören.

> Der Kapitalismus ist vermutlich der erste Fall eines nicht entsühnenden, sondern verschuldenden Kultus...
>
> (W. Benjamin)

Es ist ausgeschlossen, daß die Spieler des Totalen Marktes im globalen Kasino das nicht wissen – nicht einmal der fundamentalistische Container schützt völlig vor Einsicht, höchstens vor dem öffentlichen Bekenntnis zu ihr. Letzten Endes sind die Spieler also mit den Aussichten einverstanden. Die innere Logik des Totalen Marktes ist, wenn nicht der Heroismus des kollektiven Selbstmords, so doch zumindest seine Akzeptanz – vom verblendeten US-amerikanischen Präsidenten bis hinunter zum Börsenkuli. Aber was tut man, wenn man in irgendeiner Ecke des Denkvermögens durchaus weiß, was eigentlich los ist? Man macht weiter im alten Trott – und man hält den Lärm um Wachstums- und Steuerprozente, den Kampf um Standortbedingungen und Schnellbahntrassen, die Kontroversen um Benzinpreise und Rentenreform am Dampfen und Toben; es ist alles so hold und traut, es bestärkt so schlüssig das Urvertrauen in den Weltgang: Irgendwie, auch wenn jede Logik dagegen spricht, wird's schon weitergehen – und sei es auch nur, weil so viel herumfuchtelndes Krisenmanagement sich doch irgendwie selbst bestätigt, bestätigen muß.

Triste Tricks und triste Logik

Am grellsten treten diese Absurditäten dort hervor, wo die Logik des Markt- und Profitfundamentalismus öffentlich mit den biosphärischen Tatsachen zusammenprallt – etwa auf Weltklimakonferenzen. Triste Tricks und Ausweichmanöver, die dort gerade von den Goliaths der Lebensvernichtung angewandt und versucht werden: Das weist schon eindeutig auf kriminelle Energie hin. Aber dahinter ist ein Dilemma wahrhaft religiösen Ausmaßes zu erspähen: Homiletik und Pastoral, also Predigt und Moralunterweisungen der Marktreligion stehen im absoluten Gegensatz zu den biosphärischen Wirklichkeiten und Erfordernissen. Das, mehr noch als die Raubtierinstinkte der Interessenlobbies, macht es der Marktmacht unmöglich, auf die biosphärische Herausforderung vernünftig, d. h. halbwegs angemessen einzugehen (die USA sind da nur ein bißchen ehrlicher als die anderen Entrüsteten, insbesondere die Herren und Damen Europäer).

Wie das funktioniert: das entfesselte Angebot

Was ist eigentlich die Logik des Totalen Marktes? Sie ist ebenso zwingend wie banal:

Das Angebot an Produkten und Dienstleistungen muß ständig präsent sein.

Es muß so reichlich sein, daß nicht nur jeder Bedarf augenblicklich befriedigt wird, sondern darüber hinaus ständig neue »Märkte«, d. h. neu gefundene oder erfundene Bedürfnisse, entstehen.

Um diesen Bedarf zu decken und neuen vorwegzunehmen,

werden Ressourcen von der Welt, der organischen wie der anorganischen, angefordert und eingezogen; Energie- und Stoffströme aus äonenlang aufgebautem und gespeichertem Biokapital. Und das gibt's letzten Endes gratis: Der Safeinhalt selbst kostet nichts, nur das Einbruchswerkzeug und das zu bestechende Wachpersonal. Darauf beruhen Macht und Ansehen der politischen, der wissenschaftlichen, der technischen Safeknacker.

Und natürlich auch der Triumph der Hausierer, deren Aufgabe es ist, die Ungläubigen zu neuen, von ihnen selbst bisher unerahnten Bedürfnissen zu erziehen. Ihre emsige Seelsorge erfüllt Erde, Luft und Wasser mit den Botschaften des Konsums, hat die Ränder der Landschaft in Plakatwände und den Äther, über den die Fernsehbilder einfallen, in elektronisches Basargeheul verwandelt. Zirka dreitausendmal am Tag, so hat es ein estnischer Dissident für die USA errechnet, wird das kapitalistisch umworbene/gedopte Individuum mit irgendeiner Konsumbotschaft angemacht. Und die Botschaften kommen an, die Bedürfnisse klettern entsprechend.

Nicht nur die Bedürfnisse – auch die Ohnmacht gegenüber den Bedürfnissen. Auf den Italienurlaub folgen zwingend Mallorca und die Malediven, auf das Radio das Fernsehen und, natürlich, das Farbfernsehen, PC und Internet, auf das Moped der VW und dann der Porsche. Und da sehr ursprüngliche Bedürfnisse wie z. B. der Wunsch nach Einsamkeit, das Fangen von Forellen mit bloßer Hand und ähnliche utopische Erinnerungen der Menschheit nicht mehr eingelöst werden können, öffnet man die Schleusen der Virtualität – von den zwanzig, dreißig Fernsehkanälen bis zum dreidimensionalen Sensorium der Computerwelt, seinen bunten Comicschwärmen von Ciceroni, rasenden Heinzelmännchen und melonenbrüstigen Kurtisanen.

Daß es noch Individuen gibt, die dem Widerstand leisten können, ist erstaunlich genug; die Welt, jedenfalls die Biosphäre, auf die Sauerstoffatmer angewiesen sind, wird es bald nicht mehr können. Und da die Reichstheologie selbst – die man Wirtschaftswissenschaft nennt und die die Köpfe und Bäuche der globalen Spieler beherrscht – von der Alternativlosigkeit immer größerer Beschleunigung und steten Wachstums nicht loskommt, da sie über keinerlei Anleitungen zu lebensnotwendiger Schrumpfung und Verlangsamung der Wirtschaftsprozesse verfügt, wird man nicht damit rechnen können, daß in ihren Kreisen überhaupt eine wesentliche Beziehung zur biosphärischen Zukunft hergestellt werden kann. So sieht das in ihren Eliteköpfen aus: verblendete Allmacht und allmächtige Verblendung.

Die Macht der Materie

Die Daten der sozialen, der ethischen, der biosphärischen Verwüstung, welche die Kot- und Schleimspur des Ungeheuers markieren, sind sattsam bekannt, der Zustand des Tatorts läßt auf die Größe des Verbrechens schließen. Was die Mehrheit, aber noch mehr und gänzlich neu auch die »artikulierende Klasse« zu beschäftigen hätte (aber noch kaum beschäftigt), ist die Dimension der »Natur«, die Tatsache, daß der letzte, absolut lebensgefährliche Test für die Spezies Mensch, die letzte, unabweisliche Herausforderung an ihre Spiritualität, ihre Intelligenz, ihre Willenskraft, ihre Organisationsfähigkeit nicht von irgendwelchen höheren Demiurgen, nicht von Kämpfen der Geister in den Lüften, von Theologien, Philosophemen oder Ideologien ausgeht, sondern von den demütigsten, scheinbar unbeseeltesten Bausteinen der Materie: Feststoffen, Flüssigkeiten, Gasen. Das, was die Spezies in Zehntausenden von Jahren an Existenzweisen entwickelt, was sie geistig, künstlerisch, technisch hervorgebracht hat, scheint letztendlich in dem seit Jahrmillionen unerreichten Triumph zu gipfeln, das Weltklima innerhalb eines Jahrhunderts um fünf Grad Celsius hinaufzupeitschen: Sintflut und Feuersturm in einem –

das Ende der Welt, wie unsere Augen und Herzen sie bisher kennen. Die *res cogitans* des Descartes, die angeblich einzig denkende Instanz, steht hilflos vor dem Aufstand der *res extensa*, des Weltbrockens, der von ihr als opportunes Zeughaus des Fortschritts behandelt (vielmehr mißhandelt) wurde und der sie nunmehr, mit der furchtbaren Gleichgültigkeit der wahrhaft großen Dinge, im Beben einer geologischen Sekunde abzuschütteln droht. Der Baustein Materie, den die erlauchten Systemarchitekten (einschließlich der Materialisten) achtlos herumstießen, ist wahrhaft zum Eckstein geworden, zum Stein des Anstoßes, über den die Systeme längelang stolpern und im Sturz zersplittern.

Dies wäre, nach aller historischen Erinnerung, die Stunde der Reifeprüfung für die Politik.

Vorläufig sieht es so aus, als kneife sie vor diesem Rigorosum.

3 Hausmeister und Müllkutscher

In fernen Zeiten, etwa denen der Psalmisten und im alten China, war es die »Gerechtigkeit des Königs«, die notwendig war für das Gedeihen von Mensch und Tier und Ernte. Und bis vor etwa zweihundert Jahren stand es außer Frage, daß es Sache der Politik (der Fürsten, der Republiken, der Gesetzgeber) sei, die Märkte zu ordnen, die Bedingungen für den Wirtschaftskosmos des Landes oder der Polis laufend zu prüfen und, wenn nötig, zu verändern.

Polismarkt und Marktpolizei

Oft genug lief das zwar opportunistisch, lief auf Ausplünderung hinaus – insbesondere dann, wenn kriegerischer Ruhm winkte und teure Pferde und Kanonen angeschafft werden mußten –, aber in den seit dem Spätmittelalter aufblühenden Stadtkulturen mit ihren Markt- und Zunftordnungen war stetig Politik am Werk – und Polizei, die scharfäugig darüber wachte, daß Wettbewerbsmargen für Eier, Schinken und Kohl nicht über- oder unterboten wurden. Und Jahrhunderte später, unter dem Absolutismus, standen sich die zwei konträren Wirtschaftsschulen der Physiokraten und der Merkantilisten gegenüber und buhlten um das Ohr des jeweiligen Herrschers; wohlwollende Monarchen der Aufklärung empfanden Programme der Melioration, des rationalen (oder vermeintlich rationalen) Umgangs mit den jeweiligen Ressourcen als zentrale politische Aufgabe – so wichtig, daß sie sich des öfteren lächerlich und auf jeden Fall aufdringlich ins tägliche Leben der Untertanen einmischten.

Das britische Labor

Laboratorium für die kommende Wirtschaftsmoderne wurde indes Großbritannien. Die Stuarts, die nach dem Ende der Cromwelldiktatur eine Zeitlang von einem kontinentalen Absolutismus à la française geträumt hatten, wurden 1688 in der sogenannten Glorreichen Revolution gestürzt, in der die Londoner Geschäftswelt zur Mitte der politischen Macht drängte; ein Jahrhundertprozeß begann, der die Gewichte konsequent verschob. Auf dem Kontinent waren es die Französische Revolution und noch mehr die napoleonische Administration Europas, welche die hergebrachten Wirtschaftsordnungen abschafften: Es hatte sich herausgestellt, daß die korporativen Schutzpanzer des Feudalzeitalters ein viel zu enges Korsett für das wachsende Volumen der Verkehrsvorgänge wie der Sekundärproduktion geworden waren.

Aber nach wie vor war das alles Politik, zuerst Politik – *politique d'abord*. Es war Politik, die auch die neuen Ordnungen (durchaus schon »Deregulierungen«) auflegte, auferlegte und durchsetzte. Umfassende, ja brutale Eingriffe in die buntscheckige Gesellschaft des Vereinigten Königreichs waren nötig, um vom 18. aufs 19. Jahrhundert das öde Plateau für den Aufbau des sogenannten Manchesterkapitalismus glattzuhobeln. Und vorausgegangen waren die *enclosures*, die »Einschließungen«, unter Heinrich VIII., welche die Allmende, also freie Güter und Weiden, der Aneignung durch die Aristokraten freigaben, und die womöglich noch brutaleren *clearances* in Schottland, wo die *lairds*, die Gutsherren, vom englischen Gesetz gedeckt, die gesamten alten Clan-Ländereien als

Privateigentum behandelten, die armen Torfbauern mitten im Winter aus ihren Katen warfen und Riesenherden von großen Schafen über das karger und karger werdende Hochland ziehen ließen. Man nannte das allen Ernstes *improvements*, Verbesserungen. (Was für ein vertrauter Ton im Zeitalter der *Entwicklungshilfe*!)

Daraus läßt sich folgender Schluß ziehen: »Deregulierung«, Freisetzung aus alter Bindung, meint oft genug nichts anderes als Privatisierung der Allmende, d. h. der freien Güter. Für den Wohlstand der Nationen, von dem Adam Smith sprach, war das im Zenit der Neuzeit ein gutes Geschäft; noch war der Massentransport von Gütern langsam und teuer, noch trieben keine Milliarden-Dollar-Wolken durch den Teleäther, und weltweite Verschiebung lohnte nur bei Gütern, die in kleinen Mengen hohe Gewinne brachten: Gold und Silber, Juwelen, Gewürze, Drogen. Der neue Nationalstaat war die Quelle der wichtigsten Ressourcen und der Standort nicht nur des kostbaren Selbstinteresses, aus dem kosmische Wirtschaftsharmonie fließen sollte, sondern auch der politischen Entscheidungen, die es begünstigten und förderten.

Im Imperialismus wurde die Symbiose vollends offenbar: Die Kanonenboote fuhren voraus, in ihrem Kielwasser die fabrikproduzierten Textilien, die nach Märkten schrien, nach Märkten, die wiederum mit Kolonialwaren einschließlich Sklaven zahlten. Der Leviathan stand symmetrisch gerüstet, umgürtet mit Fünfzehnpfündern und Geldkatze. Im 20. Jahrhundert wurde das nach und nach impraktikabel: Der letzte Kriegsherr, der weit ausgriff, um Beuteland für heimische Stahl- und Chemieherren zu sichern, war Adolf Hitler, doch er war bereits hoffnungslos der Zeit hinterher – mit ihm ging der altmodische Imperialismus zu Ende. (Nicht sein Biologismus, so steht zu befürchten.) Die Zentralmächte der zweiten Jahrhunderthälfte, die sich zum neuen Imperium fügen, bedürfen seiner nicht mehr – oder doch, aber in völlig veränderten Formen.

Das bedeutet sicher nicht das Ende oder auch nur die Abnahme der Gewalttätigkeit; es gilt daher zunächst von neuen, durchaus symptomatischen Formen und Gesetzen der Gewalt zu sprechen.

Die neue Gewalttätigkeit

Zunächst verschiebt sie sich sichtbar geographisch; verschiebt sich mehr und mehr an die »rückständigen« Ränder der jeweiligen Einflußgebiete, wenn möglich ins Innere ihrer jeweiligen, meist sehr ruinösen Staatlichkeiten. Stalin exerzierte das in Ost- und Südeuropa, die USA mit Großbritannien in Süd- und Mittelamerika und im Nahen Osten, beide in Afrika.

Dabei geriet das Sowjetsystem zusehends ins Hintertreffen, weil politisch-ideologische Denksperren den stets höher werdenden Vorrang der Ökonomie und des Nationalismus nicht rechtzeitig begreifen ließen. Der »Westen«, die »freie Welt«, baute instinktsicher das Arsenal einer restlos ökonomisierten Welt aus, was natürlich nicht ohne Reibungen und Rückschläge abging.

Wenn irgend möglich, zog man die putschistische Installation von Marionetten- bzw. Satellitenregimes härteren, riskanteren Einsätzen vor. Gang und gäbe war diese Methode von jeher in Mittel- und Südamerika; ihr erster spektakulärer Nachkriegserfolg in der Neuen Welt war der Sturz der Regierung Arbenz Guzmán in Guatemala 1954 durch den restlos von den USA finanzierten und ausgerüsteten Oberst Armas.

Für die Wirtschaftszukunft bedeutsamer war es, daß der Einsatz der Methode im Iran schon vorher erprobt worden war. Beseitigt wurde dort der Premier Mossadegh, der 1951 so verwegen war, das Erdöl zu nationalisieren, und installiert wurde das Regime des Resa Schah Pahlevi, der seine Herrschaft zwangsläufig auf einen gewaltigen Repressionsapparat baute.

Durch solche Vorkommnisse belehrt, erhöhte man im großen Erdölterritorium Arabiens und seiner Nachbarn die Provisionen für die jeweiligen politischen Hausmeister beträchtlich, und das ist bis heute so geblieben. Zusätzlich geht jetzt Schmiergeld, immer mehr Schmiergeld, auch an die postsowjetischen Vaterlands-Väterchen Mittelasiens, wo die letzten bekannten Riesenreserven an fossiler Energie liegen.

Wie gesagt, aus der alten Kolonialpolitik zog man sich tunlichst zurück – sie rechnete sich nicht mehr. Soweit geschossen, interniert, gefoltert werden muß, delegiert man, so gut und solange es geht, die entsprechenden Pflichten an untergeordnete, durchaus auch an minderwertige Regimes, Junten, Diktaturen und ihre militärisch-paramilitärischen Henkersknechte.

Natürlich verabschiedeten sich die alten Identitäten, die alten Reibungsflächen der Politik nicht von heute auf morgen; und so ist es notwendig, auch von mehr oder weniger authentischen neumodischen Kriegen zu sprechen – im engeren, fast altmodischen Sinne; ganz waren sie nicht zu vermeiden.

Der neumodische Krieg mit neuen Regeln

So wurden, neben und jenseits der Stellvertreterkriege der feindlichen Hemisphären, die Zentralmächte der ökonomisch-technischen Beschleunigung selbst in Konfrontationen hineingezogen, die eigenen Einsatz (und damit eigene Verluste) erzwangen. Unabhängigkeitsbewegungen der bisherigen Kolonialvölker und Hinterhofstaaten; Eindämmung, notwendige oder für notwendig gehaltene, der feindseligen realsozialistischen Konfession, Out-of-area-Einsätze mit und ohne UN-Auftrag. Bis auf ganz wenige Ausnahmen verliefen sie alle peinlich; zwei davon, Afghanistan und Vietnam, wurden zum Insolvenzverfahren der jeweiligen Zentralmacht, zumindest ihrer Methoden.

Was die kapitalistische Konfession betrifft, war Vietnam der Wendepunkt. Trotz hochtechnischer Ausrüstung waren dort die Gefallenenzahlen auf amerikanischer Seite bedeutend (wenn auch nicht höher als die einer einzigen Schlacht des Sezessionskrieges von 1861–1865), das Resultat eine Niederlage, die Auswirkungen in der Heimat radikal-radikalisierend – was nicht zuletzt auf die ungeschminkte Berichterstattung der amerikanischen und (teilweise) der »freien« Weltmedien zurückging. Es war das erste Mal, daß sich die große amerikanische Nation mitten in Kriegszeiten angeekelt und wütend von der offiziellen Doktrin abwandte und die Einnahme kollektiver Aufputschmittel und Verklärungsdrogen verweigerte.

In den Augen der Macher war dies natürlich eine hemisphärische Katastrophe; und als Reaktion darauf wurden die neuen Spielregeln entwickelt, die jetzt für Einsätze der Zentralmacht und ihrer Verbündeten gelten. Es blieb Maggie Thatchers Britannien vorbehalten, sie im Krieg um die Falklandinseln erstmals anzuwenden und vorzustellen. Die oberste Regel hieß jetzt: absolute technische Überlegenheit, weit über Vietnam hinaus. Sie muß von vornherein sichergestellt sein, Planung und Justierung der Todesmaschinerie hat größtenteils und frühestmöglich virtuell, durch elektronische Programmierungen und Simulationen stattzufinden.

Diese technische Überlegenheit ist wesentlich, weil schon eine sehr geringe Zahl von *body counts*, von Särgen oder Leichensäcken toter Krieger, genügen würde, um die legitimierende Nation zum Wutausbruch zu treiben – Nation unter Nationen, die sich etwa in zwei Weltkriegen noch zu Hunderttausenden, wenn nicht Millionen demütig ins Feuer jagen ließen.

Hier stecken wir weltweit in einer fatalen Ungleichzeitigkeit, denn die Molochbereitschaft zum Heldentod ist in »zurückgebliebenen« Gesellschaften und Kulturen durchaus noch vorhanden oder kann mobilisiert werden. Hierzulande (und das bedeutet in »hochentwickelten« und »aufgeklärten« Nationalgesellschaften) ist das kaum oder nicht mehr möglich; dafür gibt es zwei eng miteinander verflochtene Ursachen: Erstens hat die Seelsorge des Totalen Marktes, d. h. der Konsumismus, zu erfolgreich gegriffen, und zweitens sterben Spaßgenerationen grundsätzlich nicht gern – schon gar nicht für einen Markt. Wie allmächtig auch immer der Mammonismus Herzen, Hirne und tiefer liegende Organe besetzt haben mag: Dieses Paradox kann er nicht auflösen, weil es sein innerstes Wesen betrifft. Mit Gott für Mercedes und Internet-Surfing? Da streikt der König Kunde, da versagt die Logik des Marktes. Und so werden den Militärs vom heimischen Publikum immer weniger Verluste genehmigt. In Somalia genügte ein nackter toter Amerikaner, vom Mob durch die Straßen geschleift, um den Rückzug der USA aus einer UN-Aktion (und wohl vielen folgenden) zu veranlassen. Im Libanon waren es ein paar mehr; was möglicherweise die Obergrenze wäre, ist nicht erprobt – Kenner schätzen sie auf achtzig bis hundertfünfzig Särge.

Die Ringe der Macht und die Rückkehr der Pharaonen

Unter solchen Bedingungen ordnet sich also die Selbstverteidigung (und territoriale Erweiterung) der Zonen des Totalen Marktes in konzentrischen Ringen an: der äußere aus Staatsgebilden, die zu schwach sind, um anders als harmlos zu sein, und zu ressourcenarm, um überhaupt zu interessieren. Sie bleiben sich selbst überlassen, dürfen sich sogar intern zerfleischen oder dieses Handwerk mit gleich uninteressanten Nachbarn betreiben – Äthiopien etwa mit Eritrea.

Es folgen ohnmächtige, aber ressourcenreiche Gebiete. Hier arbeitet man mit politischen Hausmeistern, denen man Provisionen zahlt; oder mit Privatfirmen, die sowohl als Montanunternehmer wie als Armeen arbeiten und hocheffiziente Söldnertruppen im Austausch gegen Schürf- oder Förderrechte zur Verfügung stellen.

Näher an den vitalen Interessen des mammonistischen Zentrums: Unruhegebiete und Gesellschaften, die noch von heißeren Leidenschaften (Fundamentalismen aus dem Islam, dem nationalistischen Tribalismus oder aus alten Freiheitstraditionen) befeuert werden und diese bedrohlich zu organisieren verstehen. Hier werden, wenn sich kein Putscher finden läßt, Out-of-area-Einsätze notwendig, von Santo Domingo, Granada, Libanon, Afghanistan bis zu »Wüstensturm« und Kosovo. Hier gilt der erwähnte kategorische Imperativ von der ungeheuren, virtuell vorsimulierten Überlegenheit, und er muß kraftvoll gestützt werden durch einen gänzlich neuen Umgang mit der Öffentlichkeit.

Nintendo-Kriege

Erstmalig (wenigstens in der freien Welt, denn im Sowjetblock herrschte ohnehin restlose Manipulation) auch hier: der britisch-argentinische Krieg um die Falklandinseln. Die Regierung Thatcher lud ausgewählte Journalisten auf die Schlachtschiffe ein, also auf örtlich ferne Beobachtungsstationen, und da blieben sie. Berichterstattung im altmodischen Sinne; die lebensgefährliche Freiheit von Korrespondenten und Fotografen unter den Kanonen und in den Deckungslöchern war nun endgültig passé, die »Information« des Publikums fand und findet in Briefing Rooms durch smarte Pressesprecher vor präparierten Landkarten und vor Bildschirmen statt, auf denen grünliche Elektrospiele ablaufen. Der Höhepunkt dieser Desorientierungsstrategie, die aufs Haar den PR-Kampagnen potenter Firmen gleicht, war wohl der zweite Golfkrieg – wenigstens bis zur Kosovo-Affäre (und, möglicherweise, bis zum globalen Antiterrorkrieg).

Vorbei ist es jetzt mit den packenden Berichten etwa von Malraux und Hemingway aus dem Spanischen Bürgerkrieg, vorbei mit den Aktionsfotos aus erster Hand vom Anzio-

Brückenkopf und von Omaha Beach, mit den unerschrockenen Geschichten der Oriana Fallaci, des Michael Herr und den apokalyptischen Bildern und Filmen aus Vietnam. Aus dem Golfkrieg erinnere ich mich an ein einziges Interview mit einem amerikanischen GI, der eine Nacht lang auf einem Hausdach in der Klemme saß; erst Jahre nach dem Schießen um die Falklands erschien ein glaubhafter, weil aufrichtiger Bericht eines britischen Kombattanten; und der Kosovo-Krieg fand ohnehin nur aus fünftausend Fuß Höhe statt. (Darunter lief das archaische Hauen und Stechen, das es den Serben sogar erlaubte, alte, niedrig angreifende Schlachtflieger einzusetzen und die famose Elektronik der NATO-Zielerfasser mit alten Ofenrohren und ausgemusterten Küchenherden zu täuschen.) Während man die Kriegsverbrechen der Besiegten majestätisch-international verfolgt (was grundsätzlich nur zu begrüßen ist), wird wohl nie genau herauszufinden sein, was und wer und wie viele 1991 in den irakischen Schützengräben zugrunde gingen, über die General Schwartzkopfs Panzer noch nach der Feuereinstellung hinwegrollten. Die Kriegsberichterstattung ist auf das Informations- und Wahrheitsniveau pharaonischer Siegeshymnen heruntergekommen. Und was die Vorhut des Weltgewissens seit Goya und Tolstoi, seit Stephen Crane und Ambrose Bierce, seit Remarque und Barbusse über den Krieg mitzuteilen hatte und hat, wird wohl durch tiefere Einsichten aus den jüngsten Out-of-area-Attacken kaum bereichert werden…

Dies gilt insbesondere für die sogenannten Kollateralschäden; auf deutsch: für die Verwüstungen an Menschen, Ressourcen und Landschaften, die durch die hohe Effizienz der »punktgenauen« Kriegführung nebenbei angerichtet werden. (Für unsere Enkel werden sie bemerkbarer – und folgenschwerer – sein als die gefallenen Soldaten.) In Kuwait und im Irak brannten die Horizonte von den zerstörten Erdölquellen; und nach dem Nie-wieder-Auschwitz-Krieg gegen Serbien rannen Ströme von chemischen Giften über, unter und zwischen den

Wassern der Donau. Während altmodische gesundheitspolitische Besorgnis die Pharmaindustrie zwingt, bei ihrer Werbung wenigstens rituell auf Risiken und Nebenwirkungen ihrer Produkte hinzuweisen, läßt das PR-Management der Technokrieger dergleichen souverän beiseite. Außerdem: Der miserable Zustand eines Stroms oder eines Wüstenbiotops ist durch das oberflächlich-bunte Gezappel der modernen Medien ohnehin kaum zu vermitteln, und für das Management selbst sind Berge von Schutt und Sondermüll kein Gegenargument. Wozu auch? Ein solcher Krieg ist ohnehin die Fortsetzung der üblichen Wirtschaftsweise mit fast gleichen Mitteln: Gefährlicher Schutt, gefährlicher Abfall sind immanente Begleiterscheinungen hoher Effizienz – von den Krebsraten der Aborigines in den Uranabbaugebieten bis zu den chemisch durchseuchten Sondermülldeponien, die allmählich regelrechte Risikogebirge bilden. Die Logik des Technokriegs kommt hier nahtlos mit der Logik des Totalen Marktes, seinen Produktions- und Konsumtionsbedingungen überein.

Das WC-Personal

Dieser Zustand erfordert riesige Entsorgungsanstrengungen – und damit kommen wir zur »normalen« Politik (jedenfalls vor dem 11. September 2001). Nach der dummdreisten Logik des Totalen Marktes hat sie für die Sicherung und Einhaltung der Entsorgungsregeln geradezustehen. Während er, der Markt, dem Staat laufend Mittel und ordnungspolitische Kompetenz entzieht, während sich der Prozentanteil der Massensteuern am Aufkommen des Fiskus laufend vergrößert und Konzerne wie Milliardäre sich praktisch nur noch subventionieren lassen (bei nahezu totaler Steuervermeidung), hat der Staat erstens Steuer-»Reformen« einzuführen, die den Reichtum noch mehr begünstigen; hat der Staat zweitens Sozial-»Reformen« durchzuführen, die uns in die Zeiten des Manchesterkapitalimus zurückwerfen; und hat der Staat drittens – wenn nötig in Zusammenarbeit mit so bewährten Freunden wie dem Internationalen Währungsfonds – den aus waghalsigen Spekulationen erwachsenden Staatsbankrott Dritter, der das System durcheinanderbringen könnte, aus eigenen Schatztruhen aufzufangen und abzuwenden.

Solch absolute und absurde Macht des Geldes entsteht aus seiner fast gänzlichen, von der neoliberalen Theologie vorangetriebenen Deregulierung, die solche Macht endgültig in Allmacht zu verwandeln strebt. Sie entsteht außerdem aus der Erpressung, die vom Wettbewerb der ständig gegeneinander ausgespielten Standorte ermöglicht wird, wobei die Staaten nur noch auf die Stichworte der Transnationalen reagieren. Alle kommunizierenden Röhren der politischen Weltgesellschaft werden aufgefüllt mit dem stetig steigenden Volumen des goldenen Blutes, das schon fast alle sonst möglichen Gesellschaftsziele und Wertsysteme hinausschwemmt in die Irrelevanz des Kulturbetriebs. Internationale Konkurrenz, angeblich die unvermeidliche Ursache von soviel Inhumanität, soviel Arbeitsplatzvernichtung, soviel sozialer Zerrüttung und biosphärischem Massenmord, wird international mit dem letztgültigen und letztpolitischen Rahmenwerk abgesichert, das im Zuge der sogenannten Globalisierung über Welthandelskonferenzen, GATT-Runden, Investitionsschutzverhandlungen und vor allem, seit 1995, durch die WTO, das neue heilige Büro der Menschheit, stetig und hartnäckig ausgebaut wird. Staaten werden in Defensivstellung gebracht und beliebig erpreßbar. Nationale Gesetze und Anordnungen zum Schutz sozialer Errungenschaften oder der natürlichen Umwelt, die über die international übliche Misere hinausgehen? Das darf es nicht mehr geben. Das wird als Handelshemmnis, ja als »Enteignung« definiert, wird angeklagt vor speziellen, keiner politischen Souveränität unterworfenen und keiner Revisionsinstanz verantwortlichen Gerichtshöfen.

Beispiel: Der sehr arme mexikanische Bundesstaat San Luis

Potosí erklärte ein großes Terrain zum Naturschutzgebiet, um es vor der geplanten Verwendung als Deponie für US-Sondermüll zu schützen. Die betroffene US-Firma *Metalclad Corporation* klagte auf neunzig Millionen Dollar Entschädigung, der mexikanische Staat verlor und mußte das fragliche Land der Vergiftung preisgeben – aufgrund eines Schiedsspruchs der NAFTA-Freihandelszone, in der sich kommendes Weltweites abbildet.

Initiativen zur internationalen Privatisierung sämtlicher öffentlichen Dienste (einschließlich der Schulen) sind in Vorbereitung: Bildung als Spezialtraining für die Gladiatoren der Marktarena, den jeweiligen Sponsor: Es lebe die Coca-Cola-Universität! Klassische Errungenschaften der politischen Moderne, wie die drei sich gegenseitig kontrollierenden Gewalten, verblassen und schwinden, treten ihre wesentlichen Funktionen an gesichtslose Gremien der transnationalen Elefantenriege ab. Darüber wird verhandelt in kleinen hübschen Châteaus, in der Bergluft von Davos, auf einem Kreuzfahrtschiff; die Staaten, die hier kastriert werden, bilden dicke Sicherheitskordons um sie, und nur Indiskretion von Leuten, die ihr Gewissen drückt, läßt Einzelheiten nach außen dringen. Es handelt sich schließlich um vertrauliche Geschäfte, die man seit eh und je in Hinterzimmern erledigt.

Und zu alldem, so hören wir, gibt es keine Alternative – TINA.

Gibt es ein Korrektiv?

Der Sturz der Zwillingstürme von Manhattan könnte das vermuten lassen: Ein Zentralsymbol des Kapitalismus wird in Schutt und Asche gelegt, die Armen und Getretenen der Welt erheben sich ... Aber Vorsicht: Wer waren die Attentäter? Waren es die Armen und Getretenen? Waren es die Schwarzafrikaner, die in Blut und Aids und kolonialistisch vergifteten Stammeskriegen untergehen?

Nein.

Bin Laden ist ein steinreicher saudischer Geschäftsmann; der verrückte Ölhunger des Totalen Marktes erlaubte seinem Vater, die Millionen auf dem Bausektor von Mekka und Medina zu raffen. Bin Laden wurde von den Amerikanern eingesetzt, um die Russen in Afghanistan wirkungsvoller zu bekämpfen, er warb, bezahlte und schulte islamische Freiwillige. Aber wie es oft der Fall ist (siehe die Taliban, die ebenfalls vom pakistanischen und amerikanischen Geheimdienst lanciert wurden), machten sich die scheinbaren Barbaren selbständig. (Das Römerreich wurde von den germanischen Garden gestürzt, die es selbst anheuerte.)

An der Côte d'Azur gibt es eine Enklave der superreichen Araber und Ägypter. Am Abend des 11. September, so bezeugen zufällige Touristen, wurde über den herrschaftlichen Villen ein Brillantfeuerwerk abgebrannt, und es gab Champagnerrunden für alle. Sicher befanden sich unter ihnen Insider, deren Wissen die richtigen Baisse-Spekulationen mit Luftfahrt- und Versicherungsaktien ermöglichte und die der Sturz der Türme um viele Millionen reicher machte.

Der neue Konfessionskrieg

Der neue Terrorismus, der neue graue Krieg: Das ist, wenn nicht alles täuscht, ein neuer Konfessionskrieg innerhalb der Reichsreligion. Es geht natürlich nicht um den Islam – höchstens in dem Sinne, in dem es wohl auch dem legendären Alten vom Berge, der seine haschischbetörten Mörder in die mittelalterliche Welt hinaussandte, um den Koran als zusätzliche Droge ging. Auch heute ist der Islam die Droge der ohnmächtigen Gekränkten, der Frontsoldaten und Kamikazepiloten.

Nein, worum es jetzt geht, das sind zwei einander feindliche Modi der Deregulierung, der Verabschiedung des Staates. Bin Laden steht für eine Zwischenwelt von bereits hochqualifizierten Menschen aus der Halbkolonialwelt des Nahen und Mittleren Ostens, aber auch der elenderen Staaten Lateinamerikas. Sie führen die Zerrüttung ihrer Kultur und der eigenen Chancen innerhalb dieser auf die Hegemonialmacht (oder die Mächte) des Westens zurück, die ihnen den gerechten Anteil an den Früchten und am Prestige der Moderne, ja auch nur ein intaktes Selbstbewußtsein verweigern.

Im Kampf gegen diesen Westen haben sie zwei Vorteile. Der erste ist die doppelte und dreifache persönliche Energie, die in etwa dem Seelen- und Gemütszustand der Pioniere des europäischen 16. und 17. Jahrhunderts entspricht. Alles weist darauf hin, daß die Attentäter vom 11. September zuvor jahrelang im Westen (auch in Deutschland) lebten – unauffällig, höflich und korrekt – und erfolgreich studierten. Sie waren, mit anderen Worten, die typischen Vertreter des »innengelenkten Menschen«, wie ihn David Riesman vor einem halben Jahrhundert definierte: Menschen, die sich einen inneren Kreiselkompaß eingesetzt haben, der sie in jeder möglichen Fremde, in jedem kulturellen Sturm auf Kurs hält. Riesman nennt als Beispiel ausdrücklich die Jesuitenmissionare des 16. und 17. Jahrhunderts.

Der zweite Vorteil ist die Unfähigkeit des Westens, sich sozusagen rückwärtsgerichtet zu akkulturieren. Sofort fällt hier der miserable Zustand der Nachrichtendienste in bezug auf die islamische Welt auf. Es gibt zum Beispiel viel zu wenige westliche Zeitgenossen, denen der Sinn danach steht, das vertrackte Arabisch oder gar Paschtu zu lernen, während Englisch, zumindest das Basic English des Empire, jedem möglichen Angreifer zur Verfügung steht. Und noch weniger gibt es, die bereit wären, sich auf Jahre in eine Elendskultur zu integrieren – mit sehr schlechtem Essen, viel Diarrhöe und ringsum feindlichen Gestirnen der Wertwahl.

Der Angriff vom 11. September war natürlich, wie alle Staatsmänner versichern, ein Angriff auf die Zivilisation – will sagen, auf die bisher erreichte Stufe der Zivilisierung. Aber das war und ist der Totale Markt genauso, zumindest was seinen Umgang mit Staaten und den altmodischen Werten betrifft.

Schon längst vor 2001 haben mafiose Strukturen, also eine Welt der Clans und der gründlichen moralischen Deregulierung, die Offensive gegen jede staatliche Behinderung aufgenommen. Hauptquelle ihres Reichtums ist die Erschließung von bisher tabuisierten Märkten: Waffen, Drogen, Sklaven und Sklavinnen. Korruption und Korrumpierbarkeit, typische Kollateralschäden der Reichsreligion, markieren die Schwachstellen des Gegners. Diese Markthäresie ist im Vormarsch, das bezeugen die Umsatzzahlen der organisierten Kriminalität und die Landkarten von, sagen wir, Kolumbien, Afghanistan, dem Kaukasusraum und den Philippinen.

Mit der Solidarität, die nach dem Septemberangriff zutage trat, können neue Alternativen entstehen: eine unwahrscheinliche der mittel- und langfristigen Vernunft – und eine wahrscheinlichere der kurzfristigen Verblendung.

Die mittel- und langfristige Vernunft würde fragen, was die Welt des Totalen Marktes eigentlich so verwundbar macht. Sie würde zwangsläufig feststellen, daß es die immer stärkere Konzentration der vitalen Zentren, der Drang des Geldes von unten nach oben und die offene Verfügbarkeit von ungeheuren Energiepotentialen ist, jedenfalls für alle, die wissen, wie man sich ihrer bemächtigt. Schon 1980 empfahl das *Energy and Defense Project* des amerikanischen Verteidigungsministeriums in einer Studie über Alternativen gegenüber nationaler Verwundbarkeit und Krieg die völlige Umstellung des Energiesystems auf dezentral bereitgestellte erneuerbare Energien, um von großen Kraftwerken und globalen Energieversorgungslinien unabhängig zu werden. Das wurde natürlich nicht ökologisch, sondern mit nationalen Sicherheitserfordernissen begründet.*

Die Reagan-Ära war damals nicht gewillt, Gewinnmaximie-

* Ich verdanke die Information Hermann Scheer.

rung ihrer reichen Parteigänger gegen solche spartanische Sicherheit einzutauschen. Der gegenwärtige Zustand fordert die terroristische Eskalation geradezu heraus, und die militärische Antwort wird immer riskanter. (Der Republikaner William Bennett hofft indes, daß die heimkehrenden Leichensäcke diesmal, bei soviel patriotischer Entschlossenheit, keine Proteste hervorrufen werden...) Von den Kollateralschäden an der Biosphäre ist dann, wie bei allen Gewaltkonfrontationen, überhaupt keine Rede mehr.

Ein anderer wichtiger Faktor ist die Luftfahrt. Auch ohne das September-Desaster wurde den großen Gesellschaften allmählich der Atem knapp; ein rücksichtsloser Preiskrieg tobte, und die Fortschritte der Informationstechnik erlauben immer bessere transkontinentale Schaltkonferenzen, was den Verkauf von Business-Class-Tickets merklich beeinträchtigt. Die winzige Hoffnung konnte entstehen, daß die fliegerische Verseuchung der Himmel, eine Hauptursache der Klimakatastrophe, allmählich abnehmen würde. Die neuen Sicherheitskontrollen, umständlich und teuer, sollten diese Hoffnung eigentlich verstärken.

Hier haben die Politiker östlich und westlich des großen Teichs bereits die kurzfristige Alternative gewählt: milliardenhohe Subventionen und Bürgschaften. Das Verbrechen, Tag für Tag Zehntausende von klimazerstörenden Maschinen in den Luftraum zu schicken, wird also garantiert und zur Prestigesache der Zivilisation erklärt, bei der Rentabilitätserwägungen nur eine untergeordnete Rolle spielen – desgleichen Erwägungen der Sicherheit vor Terrorismus. Die immer kostspieligere Anstrengung, den ressourcenfressenden Status quo des Imperiums zu erhalten, soll wieder hauptsächlich mit militärischen und diplomatischen, nicht mit gesellschaftlichen oder gar weltinnenpolitischen Mitteln bestritten werden. Die Gelder etwa für Entwicklungshilfe, ohnehin der bequemste Lieferant für die Stopfung irgendwelcher Budgetlücken und deshalb seit Jahren sinkend, werden wohl so gut wie ganz zu tröpfeln aufhören.

Aber wo bleibt, in all diesen irrationalen Stürmen, eigentlich der leidenschaftslose Blick, die Rationalität der voraussetzungslosen Wissenschaft? Bräuchten wir nicht vor allem jetzt, in der gegenwärtigen Krise, die wirklichen *life sciences*, die Leben schützenden und voranbringenden Wissenschaften?

Aber gerade sie (nicht ohne eigenes Verschulden, ja nicht ohne eigene Zustimmung) sind von der aufsteigenden Reichsreligion aufs tiefste gedemütigt und geschändet worden.

4 Die Magd des Herrn

Das Titelblatt der Originalausgabe der großen französischen Enzyklopädie zeigt in klassizistischer Manier die Hierarchie der Wissenschaften. Eine Pyramide edler Gestalten ist da zu sehen, deren oberste, ein züchtig gewandetes Weib mit einem Kelch, ihr Antlitz dem großen Mittenlicht zuwendet, das von oben auf menschliches Wissen und Streben herabströmt – zweifellos, es ist die Theologie, die Königin aller Wissenschaften.

Nun, es waren wohl Gründe politischer Vorsicht im Ancien régime, die zu solchem Frontispiz, zu solcher Verneigung vor dem religiösen Establishment Anlaß gaben – in Wahrheit waren im 18. Jahrhundert die Fakultäten, insbesondere die Textkritik und die Naturwissenschaften, der Theologie längst davongelaufen. In mittelalterlicher Vergangenheit mochte der Satz gelten, daß die Philosophie, im weiteren Sinne alle Menschenweisheit, eine *ancilla theologiae*, eine Magd der Gottesgelahrtheit, sei; zu Diderots – des Enzyklopädisten und leidenschaftlichen Aufklärers – Zeiten fühlte sie sich von solch dumpfer Dienstbarkeit längst befreit und war stolz darauf. Das methodische Prinzip, das sich seit der Renaissance durchgesetzt hatte, hieß *Erkenntnisoffenheit* – Forschung und Experimente unter kontrolliert gleichen Anordnungen und Bedingungen, ständiges Hinterfragen des Angenommenen, das Unerforschliche auf keinen Fall nur ruhig verehren, sondern es peinlich befragen und so erforschbar machen.

Das ergab äußerst unruhige Bewegungen – Sprünge von einer Eisscholle, die im Fluß des großen Tauwetters strudelte, zur nächsten; von These zu Widerspruch zu These, manchmal mit grotesken Balancetänzen. (Die Kirche, nebenbei gesagt, machte die Gymnastik mit: Es gab die Fälle Galilei und Giordano Bruno, es gab aber auch die durchaus wahrgenommene Chance, in ökumenischer Korrespondenz die Profanität des Erkenntnisdrangs zu unterstützen – etwa die magischen Gefilde der alten Alchimie in Richtung einer strikt säkularen, die Theologie nicht mehr belästigenden Disziplin, nämlich der modernen Chemie, zu verlassen.) All das ging nicht von heute auf morgen; das geheimnisvolle Phlogiston etwa, den »Feuerstoff«, brachte man bis ins 18. Jahrhundert nicht ganz los, und Darwins *Ursprung der Arten* eröffnete herrliche rassistische Spekulationsfenster: Von welcher Affensorte mochten wohl die Schwarzen, von welcher die so viel höher gearteten Euro-Atlantiker abstammen?

Doch Würde entstand. Nicht von jetzt auf gleich, aber sie entstand. Disziplin, das Abwelken von Vorurteilen, der unverzichtbare Anspruch auf Falsifizierbarkeit. Eine neue Art der Unerschrockenheit, Auszug aus Geborgenheiten auf Wüstenwanderwegen. Und eine alte Art von Glück, der Triumphruf des Archimedes, das *heureka!*, widerhallend von den immer weiteren Wänden des wissenschaftlichen Hauses, die als Echo prompt drei oder sechs oder zehn neue Fragen zurückwarfen. Und wenn schon nicht die volle Erfüllung, so doch das Streben nach der notwendigen neuen Integrität der Wissenschaftsgemeinde.

Die Welt, und nicht nur die christliche, war nicht unbedingt dankbar. Man gewahrte den Reduktionismus in der Methode, man fürchtete Entzauberung. Die Kirchen hielten noch lange am Kampf um fixe Natur- und Schöpfungsdaten fest, rangen um Wortlaute, die sie für unverzichtbar, um deutende Motive, die sie für Dogmen hielten. Obrigkeiten fürchteten die Hinterfragung ihrer Autorität; Humanisten, zunächst im Renaissance-Elan mit der Naturwissenschaft alliiert, bangten um die Vorrangstellung ihrer Curricula: abnehmende Latein- und Griechischkenntnisse, schwindendes Interesse nicht nur am Nibelungenlied, Vertrocknen der musischen Ader.

Sie hatten damit teilweise recht, doch das änderte nichts an der Dynamik des wissenschaftlichen Erkenntnisprozesses. Und die zentrale Furcht, die hinter aller Kritik stand, die Furcht vor der laufenden Selbstentwertung des Menschen, war zwar nicht grundlos, konnte aber nicht voraussehen, daß gerade die Falsifizierung des alten, naiven Schöpfungskronenglaubens in neue, viel tiefere Schichten der menschlichen Selbstreflexion hinabführen würde – Schichten, aus denen ganz neue Energien der Religiosität freigesetzt werden könnten. Es könnte sich zeigen, daß viel, ja fast alles von der Frömmigkeit agnostischer Biologen, Astrophysiker, Systemanalytiker zu lernen ist.

Insgesamt, so läßt sich sagen, hat sich die voraussetzungsfreie Wissenschaftlichkeit, insbesondere die Grundlagenforschung, nicht nur gegen den alten Obskurantismus durchgesetzt – sie hat insgesamt die Ebene der Einsichten erreicht, auf der die Größe der biosphärischen und anthropologischen Problematik, aber auch die ersten Perspektiven zu ihrer Bewältigung erst sichtbar werden konnten.

Produktionsfaktor Wissenschaft

Was heute die Wissenschaften bedroht, sie fast schon überwältigt hat, ist längst nicht mehr die Heilige Inquisition, längst nicht mehr der Schwarm der Dunkelmänner. Es ist die immer drängendere Versuchung des Opportunismus im Wissenschaftsbetrieb selbst, und es ist die Allmacht der Reichsreligion, die Allmacht des Totalen Marktes, welche den *Produkti-*

onsfaktor Wissenschaft entdeckt hat und ihn mit Hilfe ebendieses Opportunismus ausschlachtet.

Daß es einen solchen Produktionsfaktor gibt und daß er zu einem Riesenproblem werden kann, wußten die wirklich großen Wissenschaftler längst. Leonardo da Vinci, das Urgenie der Renaissance, fürchtete seine Wirkungen wie den Teufel, kaschierte seine kriegerischen Erfindungen, so gut es ging, vor dem Bierhefedrang der Gierigen, die er unwirsch »Füller von Abortgruben« nannte. Aber der wissenschaftliche Scharfsinn erkannte auch, daß das Marktinteresse an seinen Erkenntnissen genutzt werden konnte. In den Statuten der ersten naturwissenschaftlichen Vereinigung, der britischen *Royal Society*, wird ausdrücklich darauf hingewiesen, daß sich ihre Mitglieder nicht mit philosophisch-theologischen Kontroversen befassen, sondern sich jenen Zweigen der Wissenschaft widmen würden, die geeignet seien, das Lebenslos der Menschen zu verbessern: Anwendung also, Anwendung auf Lebenspraxis und dadurch Vermeidung von ideologischen Fallgruben.*

Damit war auch die Finanzierung sichergestellt – bis zu einem gewissen Grade sogar ein höheres Maß von Würde, zumindest ein geringeres an Unwürde. Wie viele Astronomen hatten sich nicht bis weit in die Neuzeit hinein mit der Erstellung von Horoskopen durchgeschlagen, wie viele ernsthafte Naturforscher – in die lebensgefährlichen Operationen der Alchimie verstrickt – hatten sich nicht als Goldmacher ausgeben müssen, um die mittelmäßigen Hirne und die Raffke-Gemüter ihrer fürstlichen Sponsoren zu gewinnen! Nun, mit dem Argument nachweisbaren und experimentell bestätigten Nutzens, konnte sich die Naturwissenschaft und mit ihr die Technik sorgenfrei aufs wirklich Eigene verlegen – und dabei auf die nötigen Mittel rechnen.

* Fast niemand in der UdSSR Stalins war, relativ gesehen, so geschützt vor dem politisch-polizeilichen Zugriff wie die NAUKA, das Reich der Naturwissenschaft.

Leider hatte natürlich auch da Vinci recht. Sein Jahrhundert war das des Machiavelli, und die ersten großen Investitionen ins neue galten dem Krieg. Chemische und metallurgische Fortschritte erwuchsen aus den Rohren der immer tödlicheren Geschütze, Architekturgenies erhielten Stipendien und Steuergelder zwecks Erlernung und Durchführung des Festungsbaus. Und das blieb so bis zum Manhattanprojekt in der Wüste Nevadas. Aldous Huxley schrieb nach dem Zweiten Weltkrieg das Buch *Affe und Wesen* in Form eines Drehbuchs – eine Einstellung zeigt Einstein auf allen vieren, an der Hundeleine gehalten von einem uniformierten Gorilla.

Verführbarkeit und Wertfreiheit

Doch da ist etwas klarzustellen: Die Wehrlosigkeit der Wissenschaft gegen solche Verwendung ist nicht nur die Wehrlosigkeit des Ohnmächtigen. Es ist die Verführbarkeit der Wissenschaft selbst, deren Postulat der Voraussetzungslosigkeit und der Erkenntnisoffenheit allzu leicht in Wertfreiheit umschlägt: Der Physiker Oppenheimer, immerhin ein Mann von großem geistigem Format und humanen Prinzipien, gab offen zu, bei der Entwicklung der Atombombe mitgemacht zu haben, weil das Vorhaben *technically sweet*, technisch verlockend, gewesen sei. Zudem: Die letzte Verantwortung lag schließlich nicht bei der Wissenschaft, sondern bei der Generalität und, noch weiter oben, bei der Politik.

Die letzte Verantwortung?

Das ließe sich bestreiten. Hätten die Physiker Inkompetenz oder auch nur besondere Gründlichkeit vorgetäuscht, wären die Generäle, wäre der Präsident ohnmächtig gewesen. (Den deutschen Physikern ist das ja wirklich oder angeblich bei Hitler gelungen.) Ob die Genies in der Wüste es glaubten oder nicht, sie trugen und tragen den schöpferischsten Teil der moralischen Last für die A-Waffen ebenso, wie Präsident

Truman den exekutiven Teil für Hiroshima und Nagasaki trug.*

Was vorliegt, ist das klassische Beispiel für das moderne moralische Problem schlechthin: die Fragmentierung der Verantwortung. Diese Fragmentierung, diese Zersplitterung der Gewissen, ist wiederum die unabdingbare Voraussetzung für das Funktionieren des Totalen Marktes; auch das wird noch ausführlich zu behandeln sein.

Mittlerweile ist der *Produktionsfaktor Wissenschaft (und Technik)* wie Laokoon und seine Söhne völlig von den Schlangen des Marktes umwickelt; im Gegensatz zu Laokoon wehrt er sich aber kaum dagegen.

Die Verwahrlosung der Kernenergie

Dem Manhattanprojekt und den Versuchsserien in Nevada, auf Bikini und Mururoa folgte die sogenannte friedliche Nutzung der Kernenergie, von der der Markt zunächst gar nichts wissen wollte, weil ihm die Risiken zu hoch erschienen. Die Politik, der es um den Erhalt des technischen Potentials (und vor allem um Bomben-Plutonium) ging, leistete sich etwas Unerhörtes: Sie setzte lächerlich niedrige, rein symbolische Haftpflichtlimits für die Betreiber von Atomanlagen fest, erklärte damit die Atomindustrie juristisch zur höheren Gewalt, zum *act of God* – so wie Vulkanausbrüche, Überschwemmungen oder auch Krieg. Man muß sich das vor Augen halten: Privatwirtschaftliche Konzerne dürfen also Profit aus Bedingungen ziehen, die sie grundsätzlich fast jeder zivilgesellschaftlichen, letzten Endes auch jeder biosphärischen, Verantwortung entheben – in einer Gesellschaft, in der man sogar die

* Daß das eigentliche Ziel des Abwurfs, die Psyche Stalins, nicht getroffen wurde, dafür sorgte wiederum das politische Verantwortungsgefühl des deutschen Kommunisten und Atomspions Klaus Fuchs.

Reiseunternehmungen für gutes Urlaubswetter haftbar machen will. Was für ein Geschenk! Es ist nicht verwunderlich, daß die Energiekonzerne ihr wahnwitziges Privileg mit Zähnen und Klauen verteidigen.

Die Wissenschaft ist in diesem Bereich fast nur mehr in Gestalt von Gutachtern engagiert; der ursprüngliche Elan, der die besten Köpfe für die Nuklearphysik mobilisierte, ist längst geschwunden. Von einem hehren, zeitlosen, über aller Politik stehenden Orden, den die Ahnherren dieser Technik (etwa Alvin Weinstein) noch für absolut notwendig hielten, um der Jahrtausendverantwortung gerecht zu werden, ist längst keine Rede mehr. Die Überwachung und Pflege der Anlagen ist langweilige Routine geworden, und das, nur das, ist das entscheidende Sicherheitsproblem: Es ist psychologischer, nicht technischer Natur, und es ist ein Problem der Experten. Routine erzeugt unfehlbar einen Rattenschwanz von Schlamperei, und Langeweile erzeugt frevelhafte Neugier; die Analyse des Tschernobyl-Desasters von 1986 zeigt das selbst für den Laien klar und deutlich. Wenn die deutsche (oder westliche) Atomlobby dieses Unglück hierzulande für unvorstellbar erklärt, weil wir technisch so viel besser seien, versteht sie nichts von Menschen oder will nichts verstehen.

Dazu kommen die ungelösten Probleme der Entsorgung – und die Kollateralschäden in den Uranabbaugebieten, die sich auf Zehntausende von jährlichen Leukämie- und Krebstoten belaufen. Hier taucht immer wieder unerbittlich die fragmentierte Verantwortung auf; für ein heiles, ein menschenwürdiges Verantwortungsgefühl wäre dies alles gar nicht auszuhalten. Die (wissenschaftlich wie kommerziell) Beteiligten sind letzten Endes in der psychischen und moralischen Lage des Lokführers nach Auschwitz, der sich an seinen Fahrplan hält und den der Inhalt der Waggons nicht kümmern darf.

So steht es um die technische Anwendung des Produktionsfaktors – doch im klassischen Bereich von Forschung und Lehre regiert ebenfalls längst der Totale Markt. Der in Tausende von Einzeldisziplinen ausufernde Wissenschaftsbetrieb wird immer teurer, die Mittel des Mäzens Staat reichen da schon lange nicht mehr, und so besteht heute die Wissenschaftspolitik der akademischen Stäbe hauptsächlich in der Akquisition von sogenannten Dritt-, also Marktmitteln.

Dadurch werden Profil und Bestimmung der Wissenschaften entscheidend verändert.

Was als erstes fällt, ist einer der wichtigsten Imperative, die sich die Wissenschaft selbst auferlegt hat: die absolute Offenheit ihrer Ergebnisse, deren Früchte der ganzen Menschheit zugute kommen sollen. Das kann der Totale Markt natürlich nicht befürworten. Erfreulich klar hat das der damalige Chef des Bundes der deutschen Industrie (BDI), Hans Olaf Henkel, in einem Aufsatz vom Mai 1996 ausgeführt, den er »Leerlauf zwischen Wissenschaft und Wirtschaft« titulierte: Er hält es für absolut ineffizient, Entdeckungen zu publizieren, was immer ihre Entwicklung gekostet haben mag. Sie gehören, der Logik des Marktes nach, in den Besitz der entscheidenden Geldgeber überführt.

Gab es dagegen einen Aufschrei? Gab es ein Manifest der Achtzehn wie das der Göttinger Professoren gegen den König von Hannover? Oder eine Erklärung wie die der deutschen Atomwissenschaftler, die sich gegen die damalige Regierung Adenauer offen der Arbeit an deutschen Atomwaffen verweigerten?

Die Frage ist naiv. Was den deutschen Gelehrten in der offenen Frontstellung gegen monarchische Despotie oder mutwillige Atomrüstung noch angemessen, ja moralisch unabweisbar schien, würde heute weltweit zumindest als traumtänzerisch, wenn nicht als selbstmörderisch empfunden. Die Zahl der Disziplinen steigt, die Ausgaben innerhalb der Disziplinen ebenfalls, und die Interessen von Markt und Wissenschaft konvergieren entsprechend.

Die Privatisierung der Lebensallmende

Ihren absoluten Triumph erlebt diese Entwicklung im Bereich der angewandten Lebenswissenschaften, die man insgesamt Biotechnik nennen müßte: die werkstattmäßige Inbesitznahme vom bisher freiesten Gut der Lebenswelt, ihren Keimbahnen und Bauanlagen. Jede Manipulation dieses Gutes wird demnächst patentierbar und damit kommerziell verwertbar sein, wenn sie es nicht schon ist.

Der Aufstand gegen die Errungenschaften und den Operationsmodus der Evolution (fromm gesprochen, gegen die Schöpfungsmethode Gottes), den diese Entwicklung bedeutet, ist für die Betreiber kein Problem; was interessiert, ist die Privatisierung eines riesigen neuen Marktes, der Menschen und Mäusen, Heilkräutern und Saatgut, biologischen Ersatzteilen und Kopiermethoden Preisschilder und Lizenznummern anhängt. Die Produktionskosten sind im Vergleich zur Kernphysik winzig, die Werkstätten billig, die möglichen Profite atemberaubend. Ebenso atemberaubend sind die Machtzuwächse: Die Bauernschaft des Planeten gerät in völlige Abhängigkeit von den globalen Spielern, wird zum Vertragssklaven der großen agroindustriellen Apparate. Ein weiteres, riesiges Terrain der Terra-Allmende ist privatisiert.

Noch näher an den Menschenleib rücken die entsprechenden medizinischen Fortschritte. Eine Zeremonialschleppe von Ethikkommissionen hinter sich herschleifend, steuert diese Medizin erstens auf gewaltige Verdienstmöglichkeiten zu, zweitens konstruiert sie die Treibsätze, die uns endgültig von der Schwerkraft der Todesachse weg in den Unsterblichkeitsorbit transportieren sollen. Schon erschallt aus Amerika die frohe Kunde, daß wir demnächst mindestens vierhundert Jahre alt werden können, ja, daß der Tod – jedenfalls in der Praxis – kaum mehr wahrzunehmen sein wird. (Was dergleichen der Jugend der Menschheit antun würde, wird dabei überhaupt nicht in Rechnung gestellt – die Jugend hat in der Regel auch nicht so viel Geld, während greise Milliardäre eine geradezu ideale Kundschaft für Bioschnipsler darbieten dürften: Organersatzteillager, wenn nötig Klonreserven und eine Preisgestaltung, die man in die höchsten Höhen der Erpressung emporschrauben kann.)

Dissidenz und professionelle Deformation

Sicherlich ist nicht die ganze Wissenschaftsgemeinde diesem Marktwahnwitz erlegen; es gibt genug Gegenstimmen, genug Gegenevidenz, genug alternative Daten. Typisch sind hier vor allem die Ruhestandsdissidenten; Männer wie Erwin Chargaff und Joseph Weizenbaum, einst Pioniere auf ihren Fachgebieten Molekularbiologie und Computerwissenschaft, die zu den grimmigsten Kommentatoren des gegenwärtigen Fehlgangs ihrer Disziplinen, aber auch des allgemeinen Trends der Zivilisation geworden sind. Bewirken tun sie nicht viel, und das wissen sie wohl selber; aber sie geben zumindest dem interessierten ratlosen Laien Einblick in die grundsätzliche Verwahrlosung des Produktionsfaktors Wissenschaft. Ist es vorstellbar, daß sie gegen den reißenden Strom des Mammonismus ankommen?

Für den ist Wissenschaft als Produktionsfaktor nur dann wirklich interessant, wenn sie punktuell, monokausal zur Schaffung eines neuen Bedürfnisses oder zu seiner Befriedigung (mit guter Provision) eingesetzt werden kann. Risiken, die aus der Synergie und Komplexität der Lebenssysteme notwendigerweise erwachsen, werden einer immer schwieriger werdenden und (relativ) immer schlechter dotierten Grundlagenforschung überlassen. Fast hoffnungslos wird die Sache vollends, wenn echte Risikoforschung radikale interdisziplinäre Ausweitung erfordern würde. Wer soll das bezahlen – auf den Verdacht hin, daß dadurch lockende Profite am Horizont plötzlich zur Fata Morgana verkommen? Und wo finden sich die Forscher, die sich der *déformation professionelle* ihres Spezialfachs entwinden können?

Praktikabler ist jedenfalls der entgegengesetzte Weg, wie er etwa von den großen Agropharmakonzernen verfolgt wird: Man stellt ein hybrides Saatgut her, das seine Hochleistung nicht erblich weitergibt, so daß der Bauer/Farmer jedes Jahr bei der Kontraktfirma nachbestellen muß. Dieser Bauer hat dazu im Paket ein möglichst potentes Rundum-Schädlingsbekämpfungsmittel abzunehmen, gegen das wiederum das monokulturelle Saatgut speziell resistent gemacht wurde. Natürlich ist fest damit zu rechnen, daß sich der verbissene Überlebenswille der Schädlingspopulationen (d. h. die Synergie der Biosphäre) über kurz oder lang durch kräftige Mutationen gegen diese Attacken wehren wird – die letzten Dinge dieses Produkts, dieses Anbaugebiets, dieses Farmers werden dann schlimmer sein als die ersten. Aber das macht gar nichts, weil die Schraube der biochemischen Abhängigkeiten mit der nächsten, potenteren Drehung noch kräftiger angezogen werden kann. Wissenschaftlern, die diesen Geschäftstrick durchschauen und dagegen anzugehen oder anzureden drohen, wird mit fabelhaft dotierten Beraterverträgen der Mund gestopft.

Daß solche Strategien, auf fast allen wesentlichen Feldern der modernen Produktion angewandt, zwangsläufig in den kollektiven Selbstmord führen müssen, braucht nicht eigens bewiesen zu werden. Daß sie von der Mehrheit der zeitgenössischen Spezialwissenschaftler aktiv gefördert werden, ist nicht zu leugnen. Das TINA-Axiom des Totalen Marktes ist hier, in der Subkultur der Wissenschaft, machtvoller am Werk als irgend sonst.

Und so wäre das Frontispiz von Diderots Enzyklopädie heute radikal zu verändern. Oben, im Mittenlicht, feist und finster Mammon, mit weit gespannten Lederflügeln, und im Chiaroscuro seines Halblichts ein Schwarm von demütigen Wesen mit verkrüppelten Gliedmaßen und verhüllten Häuptern – Mägde des Herrn.

Preisen wir, in offenem Gegensatz, die armen Hirten der Wahrheit, die Unbequemen, die Unkäuflichen, die Unentbehrlichen. Preisen wir die wissenschaftliche Opposition, die für uns leichtgläubige Laien zum ersten Mal im Diskurs um die Atomenergie sichtbar wurde. Preisen wir den Astrophysiker, der, von der Dringlichkeit seiner Einsichten überwältigt, zum Wanderprediger für Vielfalt und Entschleunigung wird. Ehren wir sein Andenken, wenn er (wenige Tage vor Weihnachten 2000) inmitten seiner Freunde einen sokratischen Tod stirbt.

5 Seelsorge und Seelenentsorgung

Ein entscheidendes Kriterium gilt es noch zu besprechen: die höchst wirksame seelsorgliche Wirksamkeit des Totalen Marktes.

Hierin unterscheidet sich die Reichsreligion der Gegenwart gründlich von der des alten römischen Imperiums: Der Kaiserkult damals war überhaupt nicht auf Seelsorge angelegt, ihm ging es nur um Staatsräson, die Betreuung der Seelen überließ er vor allem den östlichen Mysterien.

Der Unschuldsschwur des Marktes

Nun wird der Totale Markt seelsorgerische Kompetenzen oder Absichten entrüstet von sich weisen. Der Totale Markt (vor allem, wenn er sich »demokratischer Kapitalismus« nennt) definiert sich nüchtern als ein System der Herstellung, des Transports und der Verteilung von Produkten und Dienstleistungen, und zwar als das beste, das es je gegeben hat – womit er recht haben dürfte. Er beansprucht keinerlei metaphysische oder auch nur kulturelle Loyalität, gerade seine klügsten Anwälte lehnen das fast erschrocken ab. So meint etwa Michel Camdessus, der ehemalige Präsident des Weltwährungsfonds, daß eine menschliche Gesellschaft keine Wirtschaft der unsichtbaren Hand, sondern eine Wirtschaft mit drei Händen erfordere: Im Mittelpunkt stehe sicher die unsichtbare Hand des Marktes, aber ebenso nötig sei die Hand der Justiz des Staates, der Recht geltend macht und Mißbrauch verhindert, die Umwelt schützt und Strukturen sicherstellt, sowie die brüderliche Hand der alten humanen Bindungen, aus denen heraus Solidarität, die sozusagen außerhalb der Bilanzen tätig wird, Ungleichheiten verringert und Armut und Sinnleere bekämpft. (Kein Wunder, daß Camdessus den ganz harten Dinosauriern unter den US-Bankern als Sozi galt und gilt.)

Das buchstäblich Dumme ist nur, daß der Totale Markt dennoch Seelsorge betreibt. Vielleicht will er es wirklich nicht. Vielleicht würde er es vorziehen, reibungslos seine Geschäfte abzuwickeln und die Pflege der metaphysischen und psychischen Gärten den zwei anderen Händen, der Politik und der menschlichen Solidarität, den Kirchen, den Familien, den Schulen, dem Kulturbetrieb zu überlassen. War nicht genau dies sein großer Vorteil in der Auseinandersetzung mit dem Realkommunismus gewesen, der ja den »neuen Menschen« wollte? Der mit allen ihm verfügbaren Instrumenten der Politik und der Kultur an ihm herumbastelte und damit schließlich, an aller Erfahrung und Realität vorbei, in sämtlichen Weltmeeren baden ging? Nein, den neuen Menschen, den will der Totale Markt, wie er versichert, überhaupt nicht. Er will den alten sündigen Menschen, mit dem er es gut meint und den er braucht, wie er ist – schon weil er schwach ist.

Und ist der Markt nicht die eine Instanz, die nichts, gar nichts fordert, sondern den Schwachen in voller Freiheit gegenübertritt?

Die Demontage des Sollens

Doch ein solcher Unschuldsschwur würde an den Tatsachen nichts ändern: Der Markt verändert die Seelen. Er tut es kontinuierlich. Er tut es, selbst wenn er es nicht wollte, weil er von menschlicher Schwäche zehrt und sie laufend verstärkt. Und er wird sich dafür unweigerlich zu verantworten haben, denn die erste Großtat, mit der er menschlicher Schwäche entgegenkam, war die faktische Demontage des ethischen Sollens. Seit jeher mühten sich die Kulturen der Menschheit damit ab, daß sich die Menschen (oder zumindest sehr viele von ihnen) nicht von dem bestimmen lassen, was sie bestimmen sollte oder könnte, daß sie so ungern Goethes Maxime folgen: »Edel sei der Mensch, hilfreich und gut«, sondern der Definition des Paulus entsprechen: »Ihr Gott ist der Bauch.« Die Weisen aller Zeiten stimmten darin überein, daß dies sehr beklagenswert sei und durch persönliche Anstrengungen sowie politisch-gesellschaftliche Rahmenbedingungen eingegrenzt und, wenn möglich, zurückgedrängt werden müsse. Viel Glück hatten sie damit nicht, aber sie ahnten wenigstens das Problem einer hin und her gerissenen Menschheit.

Quatsch, sagt der Mammonismus. Was das Räderwerk in Schwung hält, was die Gesellschaft ticken macht, ist eben dies: die Appetenz, das Interesse, und zwar das materielle, der Zugewinn. Der Bäcker spendet Brot nicht aus Nächstenliebe, der Friseur will uns keinen Gefallen tun, wenn er uns die Haare schneidet, und der Maurer ist nicht in erster Linie an unserer Behausung interessiert – so fast wörtlich Adam Smith. Dies war und ist immer noch die grundlegende, wundersame Entdeckung der einfachsten wirtschaftlichen Treibkraft. Für die kapitalistische Pastoral jedoch muß flugs gefolgert werden, daß wir nichts Besseres für das Heil der Menschen tun können, als dem gesunden Egoismus die Zügel schießen zu lassen.

Die Entdecker dieses Imperativs, auch Adam Smith selber, dachten nicht im Traum an die Zerstörungskraft ihrer Entdeckung, insbesondere ihrer seelsorglichen Anwendung. Sie waren noch von verhältnismäßig robusten politischen und gesellschaftlichen Mächten umringt, mit religiösen und zivilreligiösen Maximen großgezogen, sie verlangten nichts anderes, als das Räderwerk der ineinandergreifenden Interessen ungehindert laufen zu lassen, um Wohlstand zu sichern und zu vermehren; eine flinke und ruhige Maschine im Keller, über dem sich nach wie vor die Stockwerke von Polis und staatlich geregeltem Christentum erhoben. Das Seelenleben der Gesellschaft im weitesten Sinne hatte, so sah man das, damit nicht das geringste zu tun – höchstens, daß der steigende Wohlstand das Klima der Toleranz und Mildtätigkeit beträchtlich verbessern, die staatsbürgerliche Reife der Individuen vorantreiben würde.

Nun, es kam anders, und zwar zwangsläufig.

Atrophie des Nichtökonomischen

Man betrachte nur einmal den ruinösen Zustand der oberen Stockwerke oder – um Camdessus' Metapher weiterzuführen – die fortschreitende Muskelatrophie der beiden Hände »Solidarität« und »Politik«! Von der Versklavung der letzteren durch den Markt war schon die Rede, aber wie steht es mit den Mächten der nichtstaatlichen Solidarität, mit Kirchen, Schulen, Familien, informellen Gemeinschaften für gegenseitige Hilfe? Wie steht es um die Stabilisierungsmacht des kulturellen Kanons, den bisher noch jede Formation, vom Indianerclan bis zum Nationalstaat, benötigte und entwickelt hat?

Sie alle sind zumindest angefressen, wenn nicht völlig zersetzt durch – ja, wodurch? Glühende Verfechter des demokratischen Kapitalismus lassen nicht gelten, daß der Markt damit etwas zu tun haben könnte. Aber, so darf man höflich fragen, wer dann? Beginnen wir von vorn.

Bedürfnis und Marketing

Beginnen wir von vorn, und befassen wir uns mit drei Stichwörtern, die uns weiterhelfen können: *Bedürfnis, Marketing, Bedienung des Kapitals.*

Das erste: *Bedürfnis.*

Es ist der Angelpunkt jeder Wirtschaftstheorie – und dabei völlig unbestimmbar. Als alleroberste (oder allerunterste) Bedürfnisse lassen sich Atemluft, Trinkwasser, eine bestimmte Kalorienzufuhr und ein verträglicher Abgleich von Körper- und Außentemperatur ausmachen – alles andere, einschließlich der Sexualität, ist in Auswahl wie in Dringlichkeit wenn nicht kulturell bedingt, so zumindest kulturell überformt. Das Netz der Bedürfnisse entsteht (oder wird uns bewußt) aus der Artikulation der gemeinschaftlichen Zugehörigkeit und aus ihren Symbolen.

Wenn die Wirtschaftswissenschaft (meist mit unschuldigem Augenaufschlag) erklärt, der Markt tue schließlich nichts anderes, als die Bedürfnisse zu befriedigen, dann übersieht oder überschweigt sie diese zutiefst unausweichliche Entstehungsgeschichte. Natürlich gibt es positive, kulturell notwendige, ja edle und gesellschaftlich aufbauende, gesellschaftlich erhaltende Bedürfnisse. Manche befriedigt der Markt durchaus, durch gute CDs etwa oder gutes Essen (deren Güte eindeutig kulturell definiert wird). Manche kann er schon nicht mehr brauchen und unterdrückt oder überspielt sie, etwa den Bedarf an Stille oder an robusten Übungen der geistigen und geistlichen Disziplin. Und die allermeisten erfindet oder verstärkt er: Auto- und Kleidermoden, fünf Stunden tägliches Fernsehen, Junkfood für und Pornovideos von Kindern, aufwendige Urlaubsreisen und Drogentrips, neue Trends in Sexpraktiken, bei Kücheneinrichtungen und Sportidolen. Natürlich wird kein Vorkämpfer des »demokratischen Kapitalismus« zugeben, daß er das alles will. (Vielleicht ist er dabei sogar subjektiv ehrlich.) Er wird immer darauf bestehen, daß die Macht der beiden anderen Hände dafür zu sorgen hat, daß die moralischen und sozialen Rahmenbedingungen eines gesunden Gesellschaftslebens gesichert sind und bleiben.

Das nützt aber gar nichts. Denn hier kommt das zweite Wörtlein ins Spiel: *Marketing.*

In altersgrauer Zeit ging man auf den Markt, wenn man etwas haben wollte: Eier oder Fleisch oder ein neues Wams. Die jeweilige Polizei wachte strengen Auges darüber, daß nicht zuviel verlangt und daß nichts angeboten wurde, was den jeweiligen guten Sitten zuwiderlief.

Heute ist das ganz anders: Der Markt ist kein fester Stadtplatz mehr, sondern eine Reiterarmee; er galoppiert dem Kunden, jedem potentiellen Kunden, hinterher. Nun gibt es eine stupende Einsicht der Wirtschaftswissenschaft: Soll ein Geschäft zustande kommen, müssen beide etwas davon haben, der Anbieter wie der Käufer. Was ist aber, wenn der Totale Markt gebieterisch WACHSTUM fordert, aber die Bedürfnisse der globalen Kundschaft gleich bleiben? Dann müssen die Bedürfnisse eben ausgeweitet, wenn möglich neue geschaffen werden; Bedürfnisse nach neuer Ware, nach bisher unbekannten Dienstleistungen, deren Unentbehrlichkeit einsichtig gemacht werden muß, um etwas stärker als bisher oder gar etwas ganz Neues absetzen zu können.

Der Rest folgt zwangsläufig.

Illustrieren wir diesen zwanghaften Ablauf an einem konkreten Beispiel: der Unterhaltungselektronik.

Dämme, die brechen

Vom Radio über Schwarzweiß- zum Farbfernseher waren neue Bedürfnisse leicht herzustellen – auch wenn seit Lascaux und Altamira Hunderte von Generationen ohne sie auskamen. Daß dann für dieses vorläufige Endgerät mindestens zwanzig Kanäle zur Verfügung stehen müssen, bedurfte schon etwas gründlicherer Überredung, aber auch sie gelang. Die Politik etwa in Deutschland, die durch Jahrzehnte mehr oder weniger feierlich den TV-Äther zur öffentlich-rechtlichen Domäne erklärt hatte, ging langsam, aber wie üblich vor dem Markt in die Knie und gab den Äther frei – Tausende neuer gutdotierter Arbeitsplätze und Konsumhorizonte der Unterhaltung entstanden.

Selbstverständlich schworen die Betreiber auch ihren jeweiligen Kommerzkanal auf hohe ethische Werte ein. Um diese zu finanzieren, mußte man allerdings Werbung zulassen, und die Sponsoren dieser Werbung verlangen naturgemäß ein möglichst gutes Kosten-Nutzen-Verhältnis, sprich: eine möglichst hohe Einschaltquote. Wie erzielt man hohe Einschaltquoten, und zwar schnell? Durch stetig steigenden Nervenkitzel und stetig sinkendes Niveau. Folglich sind heute, trotz aller tönenden Bekenntnisse zu Qualität und Bedeutsamkeit, TV-Themen, TV-Dialoge, TV-Wortschatz an der Tagesordnung, die einst den Wachstubengesprächen von Dragonern vorbehalten waren, die aber heute ohne wahrnehmbares Zögern in Drehbücher gegossen werden und dann aus zartem Darstellerinnenmund ertönen.

Aber selbst auf diesen Gemeinheitsplätzen tritt schließlich Übersättigung ein. Damit wird der Markt rechnen, und er wird geschmeidig reagieren. Etwa wird ein wagemutiger Sektor der Zuschauerschaft, angeödet durch das monotone Rauschen der banalen Exkrementkaskaden, nach pikanteren Angeboten, zum Beispiel pädophiler Natur, suchen – und schon ist ein neuer, durchaus lukrativer Markt entstanden. Hat er denn, nach seiner Eigenlogik und nach der Logik des Totalen Marktes, das Recht, sich solchen Bedürfnissen zu verschließen?

Das war nur ein Beispiel, und es gibt noch gefährlichere Tabubrüche. Die Dämme, die Regulierungen jedenfalls, die laut demokratischer Kapitalismustheorie – nach den Vorstellungen etwa von Michel Camdessus und Michael Novak – für die ethische Einhegung des Marktes zu sorgen hätten, werden unterspült, existieren nicht mehr, müssen, wenn überhaupt noch, weit weg im Hinterland neu und immer dürftiger angelegt werden.

Und wie könnte es anders sein? Der Markt verlangt sein Recht. Sicher, die Politik und die gesellschaftliche Solidarität müssen für akzeptable Rahmenbedingungen sorgen – aber sie sind nur akzeptabel, solange sie dem obersten Gesetz des Marktes, dem WACHSTUM, nicht im Wege stehen. Täten sie das nämlich, wären die Folgen entsetzlich: Sozialismus und

Planwirtschaft stünden mit entblößten Reißzähnen in der Tür. Lassen wir also, mit leisem ethischem Bedauern, den Totalen Markt sein Nagewerk an den Säulen der Zivilgesellschaft – und an unseren Seelen – auch weiterhin verrichten! Blicken wir den letzten Resten von Geschmack, von Selbstdisdiplin, von moralischen Standards aller Art leicht nostalgisch nach und rüsten wir uns für die nächsten logischen und ästhetischen Zumutungen der Alternativlosigkeit: TINA.

Wahrheit ist nicht operativ

Ein anderer Kollateralschaden, der sich aus der Marketingmethode zwangsläufig ergibt, ist der immer kläglichere Zustand der Wahrheit. In diesem Punkt sind sich Markt und Politik übrigens einig. Ron Ziegler, der Pressesprecher von Richard Nixon, im qualvollen Verlauf der Watergate-Affäre von Reportern auf eine Lüge des Vortages festgenagelt, meinte arg- und reuelos: »So würde ich das nicht ausdrücken. Ich würde sagen, mein gestriges Statement ist nicht mehr operativ.« Blendende Formulierung! »Wahr« oder »falsch«, »wahr« oder »gelogen« sind längst keine relevanten Kategorien mehr, weder in der Politik noch in der kommerziellen Werbung. Es geht nur noch um die Frage: Was ist operativ, d. h., was schlägt ein? Je renommierter die Werbeagentur ist, deren Dienste sich eine Firma für ihr Produkt leisten kann, desto weniger Informationen erhält der Umworbene, desto artistischer wird mit seinem Gefühlsleben umgegangen. Hier ist wiederum das Fernsehen führend: Höchstens bei Abführmitteln und Zahnpflege hält sich noch das gute alte Metier des (meist in wissenschaftliches Weiß gehüllten) Marktschreiers – die besseren, moderneren Spots zeichnen sich dadurch aus, daß die Aufmerksamkeit durch völlig abstruse Pointen und die darunterliegende Frage gefesselt wird: Für wen oder was werben die eigentlich? (Nebenbei: Sie sind oft sehr geistreich, diese Werbungen. Die guten Gehirne dahinter, so hört man, würden sich durch die vorzeitige Erwähnung des Produkts in ihrer Kreativität eingeengt fühlen.) Offensichtlich ist solche Werbung »operativ«, oder man nimmt es wenigstens an – ihr Informationsgehalt über das jeweilige Produkt ist jedenfalls, wie der aus den Briefing Rooms der neueren Weltordnungskriege, gleich null.

Es gibt ein Gerücht, daß der gescheite, nur sehr kurz regierende Generalsekretär der UdSSR Andropow im Rattenlabyrinth seiner Geheimpolizei ein eigenes Büro für Wahrheit einrichten ließ, weil der Apparat an den selbsterzeugten Desinformationen erstickte. Auch der Totale Markt könnte ein solches Wahrheitsbüro sehr gut brauchen. Zwar laufen die gesellschaftlichen Rückmeldungen, die kontroversen Herausforderungen in Demokratien immer noch wesentlich unverfälschter ein, aber die Allmende »Wahrheit« wird nicht minder eifrig privatisiert als alles andere.

Abgesehen von den »Mythemen« (Mythenschnipseln) der allgegenwärtigen Werbung, die sich zu einer flatternden Videowand des Wohlstandsrituals zusammenfügen, ist es vor allem das Zentraldogma TINA – *there is no alternative* –, welches gesonderter Meinungspflege bedarf. Dafür hat sich wiederum eine gesonderte Dienstleistungsbranche, das sogenannte Concept Marketing, gebildet. Wie Johannes der Täufer eilt sie dem Messias Totaler Markt voraus, trägt die Berge entgegenstehender Wahrheiten ab und füllt die Schlünde der wahrscheinlichen Katastrophen mit Trugschaum, um die Pfade zur absoluten Herrschaft in den Köpfen zu ebnen und peinliche Tatsachenbestände erst gar nicht in die Gehirnspeicher gelangen zu lassen. Bei den meisten Wirtschaftsjournalisten scheint ihr dies längst gelungen zu sein.

Erziehung?

Fragen wir uns der Vollständigkeit halber, was unter solchen Voraussetzungen aus Erziehung, aus Pädagogik wird. Sie müßte doch, laut Camdessus und Novak, eine lenkende, eine steuernde, eine den Markt wenn nicht beschränkende, so doch orientierende Rolle spielen. Aber davon kann natürlich keine Rede mehr sein. Nicht ohne Obertöne liberalen Triumphes wird über die »Entmachtung der Eltern« geredet und geschrieben, die Entmachtung der Moral und der Religion läuft damit ohnehin parallel, aber sie wird selbstverständlich durch die völlige Vermachtung im Markt ersetzt. Und ganz konsequent gilt der nächste Angriff der WTO, der Welthandelsorganisation, die sich rasch zur eigentlichen Weltregierung mausert, der staatlich geschützten Unabhängigkeit der Schulen, die schlicht als *services*, »Dienstleistungen«, definiert werden. Auch für sie ist möglichst komplette Deregulierung vorgesehen – mit Patenschaften von transnationalen Konzernen, deren Einfluß auf die Lehrpläne man sich ungefähr vorstellen kann. Addiert (oder vielmehr multipliziert) man dies mit den anderen Faktoren der Marktwerbung, die auf die Kinder und Jugendlichen einstürmen, muß das Endprodukt solcher Pädagogik wahrhaft höllisch sein.

Die Veränderungen, die laut demokratisch-kapitalistischer Doktrin gar nicht stattfinden dürften, die der Markt aber laufend bewirkt, sind also massiv und absolut kulturzerstörend. Insgesamt sind wir, ohne es wirklich zu merken, etwa zu vier Fünfteln dem Endpunkt des dystopischen Zukunftsromans von Aldous Huxley, *Schöne neue Welt*, nahe gerückt. Fast alle unsere Moralvorstellungen und technischen Manipulationsmöglichkeiten, von Promiskuitätsritualen über kommerziell angepaßten Hedonismus und standardisiertes Freizeitverhalten bis zur Menschenanfertigung in der Retorte, entsprechen den Verhältnissen von Huxleys Warnerzählung. Das Ironische ist: Er sah seine Welt aus einer Mischung von fordistischen und sozialistischen Elementen entstehen, während sich in unserer realen (?) Welt des Totalen Marktes alles aus dem reinen Evangelium des Kapitalismus ergibt. Der historische Sozialismus bedrohte uns mit Orwells *1984*-Vision – der snobistische Bildungsschriftsteller Huxley sah da klarer, hatte die feinere Nase.

Über neue, intensive Seelsorge am Marktobjekt ist die Pastoral der schönen neuen Welt längst bis zur Entsorgung der Seele selbst vorgedrungen. Schon bald wird das Stichwort »Seele« aus den Universallexiken verschwinden – oder höchstens noch als archäologischer Schlüssel zur Erklärung gewisser Irrationalitäten in alten Hochkulturen verwendet werden.

Kapital will bedient sein

Aber aus den Dschungeln des Marketing, aus der Betreuung laufend neuer und neu erfundener Bedürfnisse, erhebt sich immer steiler, immer beherrschender eine dritte Wahrheit, ebenfalls erdacht und menschengemacht wie alle Götzen: die *Bedienung des Kapitals*.

Ja, so steht es geschrieben: Das Kapital wird bedient. In diesem Passiv steckt letzten und oberen Endes die nackteste religiöse Herausforderung, die endgültige Definition des traum- und gnadenlosen Kultes, des Kultes der immerwährenden Verschuldung, den Walter Benjamin beschreibt:

> Hierin steht dieses Religionssystem im Sturz einer ungeheuren Bewegung... Es ist das Wesen dieser religiösen Bewegung, welche der Kapitalismus ist, das Aushalten bis ans Ende, bis an die endliche völlige Verschuldung Gottes... (W. Benjamin)

Ganz konkret heißt das: Das Kapital ist für sich selbst da und für sonst nichts mehr; die Produktion, also das tagtägliche

Schuften und Grübeln von Millionen und Milliarden, wird nur noch daran gemessen, mit welcher Rendite, welchen Tributen sie das Kapital bedienen. Das bedeutet absolut autonomen, von keinerlei Wohlfahrtsvorstellung abhängigen Zwang zum Wachstum, der Fetischcharakter der Ware, der Karl Marx teuer war, ist auf einer höheren Stufe der Religiosität abgelöst vom Fetisch Geld, der keiner mehr ist, sondern schon ein ausgewachsener, aus Gold oder vielmehr aus abstrakten Kursen gegossener Götze, der einen wesentlich höheren Zwang verbreitet – ein Zwang, der zweierlei bedeutet: zunächst den Aufprall auf die thermodynamischen Gesetze und damit auf die biosphärischen Grenzen. Wir stehen wieder vor dem verschleierten Endsinn des Totalen Marktes, der resignierten Akzeptanz, wenn schon nicht dem bewußt in Kauf genommenen Heroismus des kollektiven Selbstmords.

Zweitens aber taucht, zunächst ganz unversehens, etwas auf, was der historische Sozialismus versuchte und nie herzustellen vermochte: der Zwang zum neuen Menschen.

Die restlose Verfügbarkeit

Wer oder was ist dieser neue Mensch? Erinnern wir uns: Er war, solange es den moskowitischen Popanz gab, das zuverlässigste Schreckgespenst der freien Welt gegen den Realsozialismus. Es waren ja ausgerechnet die Kunstgarden der Bolschewiki gewesen, die ihn proklamiert hatten, und das restliche Europa sah darin nichts als satanischen Hochmut – noch dazu hilflosen, menschenverachtenden und -verschleißenden Hochmut. Das notwendige Scheitern der realsozialistischen Utopie wurde (nicht ganz zu Unrecht) mit der Unmöglichkeit begründet, einen neuen Menschen unter Bedingungen sträflicher psychologischer Ignoranz zu schaffen, und mit dem hartnäckigen Bestehen der häretischen Ideologie auf ebendieser, letzten Endes kläglichen Vision.

Das änderte sich gründlich im letzten Jahrhundertviertel. Ironischerweise war es aber gerade der Westen, dessen stürmische Fortschritte in Richtung der sogenannten Informationsgesellschaft in sowjetischen Ideologenkreisen höchstes Unbehagen hervorriefen und mitten aus der Stagnation heraus die ratlose Suche nach ebendem neuen Menschen auslösten, welche sich allerdings in dem üblichen schwungvollen Gerede erschöpfte.*

Unter Gorbatschow wurde diese Suche zur Zentralforderung des »neuen Bewußtseins«, aber der gewandte und wortreiche Generalsekretär wußte auch nicht so recht, was damit eigentlich gemeint – und vor allem verlangt war.

Erst nach dem Jahrhundertdatum 1989, erst in der vollen Apotheose des Totalen Marktes wurde wirklich klar, wie dieser neue Mensch zu definieren ist. Er ist der Mensch der sublimsten und allerhöchsten Dienstbereitschaft für die Reichsreligion. Er ist flexibel, d. h., er wird jedes private Interesse, etwa Selbstverwirklichung oder persönliche Würde – und damit die Verwurzelung in eine Heimat, eine Polis, eine Familie –, sofort liquidieren, verflüssigen, um im Auftrag der jeweiligen Firma, des Konzerns, der Korporation, kurz: der jeweiligen Totalen-Markt-Inkarnation, von Brüssel nach Detroit, von Kalifornien nach Marokko, von Jakarta nach Helsinki zu flitzen oder geflitzt zu werden – wenn erforderlich samt Weib und Kind und Golden Retriever oder auch unter Zurücklassung derselben: monadische Mobilität als sakramentale Lebensweise.

Er wird aber (dies gehört zu den schäbigen Paradoxien dieses Marktes) als wahrhaft neuer Mensch auch ohne Zögern die Loyalität zur bisherigen Firmenfahne, zum bisherigen höchsten Beweger von heute auf morgen aufkündigen, wenn ihm das ermöglicht, in die nächsthöhere Kategorie des neuen, flexiblen, unbegrenzt qualifizierten Menschentums aufzusteigen.

* Ich erlebte das 1976 auf dem VI. Allsowjetischen Schriftstellerkongreß in Moskau, mitten in der Fäule der Breschnewschina.

Unbegrenzt qualifiziert: Bald braucht der Markt darunter überhaupt niemanden mehr, höchstens Millionen von elektronisch gesteuerten Maschinen und Millionen von Konsumidioten. Die mögliche artgeschichtliche Verwandtschaft mit der un- oder schlechter qualifizierten, also der bisherigen Normalmenschheit ist für den neuen Menschen des Totalen Marktes unwichtig, ja unbegreiflich. Was hat er zu tun mit Großmüttern in kurdischen Dörfern, was mit den Pennertypen in den Sperrengeschossen der S-Bahn ? Die haben sich vermutlich irgendwann im Tanganjikagraben vom *homo sapiens novus* abgespalten, heutzutage sind sie einfach Müll, weil zu langsam – jawohl, in der neuen Welt wird gerannt, und das setzt Kondition voraus. Ordnungspolitik? Zivilgesellschaft? Solidarität? Bremsklötze, sonst nichts.

Jenseits der Kontrollen

Weder die Politik noch die Kräfte der Zivilgesellschaft (zwei der »drei Hände« des Michel Camdessus) sind noch in der Lage, dem Markt (der dritten Hand) die von seinen Predigern mehr oder weniger aufrichtig gewünschten Kontrollen aufzuerlegen. Wie wir sahen, drücken die Ellbogen des hemdsärmeligen Kapitalismus immer entschlossener nach außen, er braucht zusätzlichen Raum für zusätzliches Wachstum. Und sollten die zwei Hände wirklich einmal (und sei es noch so schüchtern) versuchen, die ihnen zugedachte Funktion wahrzunehmen, nämlich Grenzen zu ziehen und Solidarität zu sichern, werden sie von der nächsten GATT-Runde, dem nächsten Davoskränzchen, der nächsten Welthandelskonferenz als Werkzeuge der Enteignung definiert und in Handschellen gelegt.

Vor allem aber darf weder die Politik noch die Zivilgesellschaft dem Markt die eine Perspektive aufnötigen, die ihn zur radikalen Umkehr zwingen würde: die biosphärische. Sie darf höchstens in totaler Verharmlosung als »Politikfeld Umwelt«, als »Umweltverschmutzung« oder dergleichen am Horizont der Reichstheologie vorbeihuschen. Aber hier, gerade hier, setzt die endgültige, die vollständige Disqualifikation des Totalen Marktes ein. Er ist schlechthin außerstande, lang- oder auch nur mittelfristig Heil zu verbürgen.

Er ist offensichtlich eine Religion von gestern.

Fazit

Der Totale Markt erfüllt alle Kriterien einer Religion.

Sein Dogmenbestand ist transzendenzarm und banal; seine oberste Maxime lautet: Alles hat seinen Preis, und wenn etwas noch keinen hat, wird er ihm angeheftet.

Trotzdem (oder gerade deshalb) ist er zur alternativlosen Instanz der globalen Entscheidungen geworden.

Nach der demokratisch-kapitalistischen Doktrin sollte der Markt einerseits durch die Politik, andererseits durch die Kräfte der Zivilgesellschaft gesteuert und in Schranken gehalten werden.

Weder die Politik noch die Zivilgesellschaft erfüllen diese Bedingung. Sie ist zunehmend unerfüllbar, weil der Totale Markt selbst ihre Fundamente zersetzt.

Trotz seiner (scheinbaren) Transzendenzarmut hat der Totale Markt daher eine ungeheure seelsorgerische Wirkung, die bis zur Entsorgung von Seele überhaupt geht.

In der historischen Raum-Zeit nimmt der Totale Markt die Funktion einer Reichsreligion wahr, die strukturell ziemlich genau der des spätrömischen Kaiserkults entspricht. Damals wie heute galt und gilt die Formel TINA – *there is no alternative.*

Was ihn jedoch radikal vom römischen Kaiserkult unterscheidet, ist seine Wirkmacht: In der evolutionär entfalteten Biosphäre wirkt der Totale Markt als Todesmaschine. Da die meisten und synergetisch wichtigsten, nämlich die sogenannten niedrigen Lebensformen sogar von ihr nicht umzubringen sind, ist der Heroismus der Maschine zunächst der des kollektiven Menschheitsselbstmords, unter Mitnahme des uns vertrauten biosphärischen Zustands. Nach diesem könnte die Evolution zu Prozessen zurückkehren, die nicht mehr durch die Anwesenheit eines Faktors artspezifischer Intelligenz kompliziert würden. (In Zukunft, so meinen Fachleute, würde die Natur diesen Fehler wohl kaum wiederholen.)

Im folgenden wird zu untersuchen sein, in welcher Form und mit welcher Praxis sich die Kirchen der Christenheit, deren Geschichte sie absolut nicht auf eine solche Gegenwart vorbereitet hat, diesen Aussichten stellen, nicht stellen oder stellen müssen. Da die Kirchen an der Entstehung dieser Gegenwart heftig beteiligt waren, fällt ihnen entsprechende Verantwortung zu. Es geht um Wirklichkeit oder Unwirklichkeit des Heils, um die Verschlingungen von Heils-, Erd- und Menschheitsgeschichte. Darunter (oder oberhalb dieser Entscheidungsebene) ist an eine Zukunft der Kirchen nicht zu denken.

II

Christen im Pantheon

1 Amarillo, Texas: der eine Mexikaner

In den Zeiten des kalten Krieges lebte die Stadt Amarillo, Texas, größtenteils von der Arbeit an Sprengköpfen für MIRV-Raketen: nukleare Geschosse für Mehrfachträger, die einzeln auf verschiedene Ziele im Sowjetblock programmiert wurden. Diese Produktion führte zu beträchtlichem Wohlstand.

Amarillo war bekannt als besonders guter Nährboden für Sekten und Freikirchen aller Art. Eine dieser Sekten lebte in der festen Überzeugung, daß Gott in einem nur ihm bekannten künftigen Augenblick seine Erwählten körperlich und mit einem Schlag in eine glückselige Welt versetzen werde – einem Schlag, der dem Rest des sündigen Planeten den Garaus macht. Die Sekte nannte diesen Akt Gottes *rapture*, Entrückung; ihre Anhänger befestigten an den Stoßstangen ihrer Autos die Inschrift: *In case of rapture, this car will be empty* – im Entrückungsfall wird dieser Wagen leer sein.

Amarillo hatte aber auch (und hat wohl noch) eine römisch-katholische Gemeinde. Ihr damaliger Bischof war offensichtlich ein gewissenhafter Hirte; vermutlich nach langem Ringen mit sich selbst verfaßte er einen Hirtenbrief, in dem die Herstellung der nuklearen Ungeheuer als unchristlich beschrieben und die Schar seiner Gläubigen aufgefordert wurde, die Mitarbeit zu kündigen.

Dem Aufruf folgte ein einziger. Er war Mexikaner.

In dieser texanischen Geschichte finden wir fast die gesamte Problematik der christlichen Situation von heute. Aber fragen wir zunächst nach dem genauen Tatbestand: Ist die Produktion von Monsterwaffen überhaupt Teil einer Marktwirtschaft? Nun, man kann das bestreiten, aber dies wäre reichlich eng gedacht. Erstens war die Serienherstellung der MIR V-Rakete, jenes sinnlosen und planetenmordenden Produkts, ein Triumph erfolgreichen Marketings, auch wenn nur ein einziger Kunde, nämlich der US-Kongreß in Washington, in Frage kam und beschwatzt werden mußte; zweitens mußte total aufgerüstet und mit dem Weltuntergang gespielt werden, als notwendige Voraussetzung dafür, daß schließlich die Höhen besetzt werden konnten von den Posaunenchören, die nach dem (durch das Wettrüsten mitbedingten) Kollaps des Realsozialismus erschallen mußten: TINA! Es gibt keine Alternative mehr zur Reichsreligion.

Bis dahin aber wartete jedermann und insbesondere die aktiv Beteiligten auf die Trompeten der Apokalypse – ob es ihnen bewußt war oder nicht. Der große Knall, der logische Übergang des kalten Krieges ins atomare Armageddon, war ja mathematisch höchst wahrscheinlich, und daß man persönlich mit einem winzigen Teil Eigenverantwortung dazu beitrug, mußte weggezaubert werden. Es war eine Frage seelischer Ökonomie, der selbstgestrickten atomaren Apokalypse in fundamentalistischer Erwartung zuvorzukommen: im Entrückungsfall, *in case of rapture…*

Für dergleichen braucht man kaum Hirnenergie und nur wenig Willenskraft aufzuwenden. Und so verlangte der gewissenhafte katholische Bischof einfach zuviel: Er verlangte, daß man sich das System kritisch, gewissermaßen von außen ansah, daß man seinen eigenen Verantwortungsteil erkannte und anerkannte, daß man ihn bewußt übernahm und dann nach den uralten, bewährten Regeln der jüdisch-christlichen Tradition handelte, indem man Gott gab, was Gottes ist – mit anderen Worten, daß man die vom Totalen Markt betrügerisch angebotene Sicherheit aufgab und sich auf die prophetische Freiheit des Ungewissen einließ; mit keiner anderen Belohnung als der, zur Abwechslung als denkender Mensch und als denkender Christ gehandelt zu haben.

Den Test schaffte ein einziger, der unbekannte Mexikaner.

Die Boutiquen im Pantheon

In und unter der Kuppel des Reichspantheons stehen, liegen, hängen die Waschkörbe, die Wühltische, die Buden und Tresen des religiösen Angebots im engeren Sinne. Daß der Unwilligkeit, den gutbezahlten MIR V-Job aufzugeben, und dem zumindest halben Bewußtsein, am wahrscheinlichen Tod der Welt mitzuwerkeln, sehr genau ein Bedürfnis nach prompter Entrückung entspricht, ist logisch. Es ist sogar logischer als reine Seelenpflege, etwa transzendente Meditation, Zen und Yogi-Mühen; die helfen freilich individuell, sorgen für leidliches Wohlbefinden in der Schlucht unterhalb des großen Katastrophenstaus, unterhalb des Damms, in dem es knistert und knackt; aber das Problem der nahen Katastrophe lösen sie nicht. Anders die Entrückungskandidaten: Das lästige Risiko des thermodynamischen Dammbruchs geht sie nichts mehr an, sie haben sich seiner Logik entzogen, sind umgezogen in den paranoiden Container, den sie für die gottgesandte silberne Wolke des Elias halten. Und sie bilden damit, wenn auch auf extrem erhellende Weise, das Muster für jeglichen Fundamentalismus, einschließlich des innerkirchlichen.

Weiter unten lockt der Esoterikkeller für jedermann, da gibt's sozusagen im Ramschverkauf Schamanenmasken, Hopi-Kachinas, Sioux-Schwitzbäder, Trommelriten, australische Schwirrhölzer; auch schon wieder Keltisches und Nordisches,

Runen und Sonnenwendfeuer, auch Feministisches wie Menstruationsvigilien unterm Auge der Möndin, obendrein Satansmessen verschiedener Liturgie; preiswert alles und (marktkonform) mit möglichst baldiger und müheloser spiritueller Renditegarantie. Aber diesen Keller können wir getrost der spezialisierten Geschäftswelt überlassen, die dabei (wohl als einzige) garantiert auf ihren Profit kommt. Zaubersprüche, Amulette gegen jedes denkbare Übel, Kleingötter für jeden Zweck gab und gibt es wohl seit eh und je. Das mochte alles in und um das große Pantheon lagern, den Kaiser und seinen Kult scherte das nicht – und schert ihn heute erst recht nicht, vermehrt sogar das Bruttosozialprodukt.

Aber wie ist es bestellt um die Neinsager? Besser: um die Millionen, die nein sagen sollten? Wie steht es um das Christentum? Genauer: um die Christentümer der Welt?

2 Raum-Zeit der Christentümer

Die Christentümer befinden sich, wie die Statistiken zeigen, mitten in einem gewaltigen Umbruch.

Nach wie vor registriert der römische Katholizismus bei weitem die meisten Anhänger und hält sich rein zahlenmäßig leidlich; die Protestanten insgesamt und die Orthodoxen verlieren. Aber die entscheidende Veränderung ist die wachsende Zahl der Freikirchen: In einem Jahrhundert kamen sie von etwa null auf fünfhundert Millionen Gläubige, und sie werden aller Voraussicht nach innerhalb der nächsten Generation die Milliarde erreichen und übersteigen.

Die bunten kleinen Kirchen

Noch rascher, so scheint es, vermehrt sich die Zahl der unabhängigen Kirchen selbst, nach dem Gesetz der bakteriellen Spaltung. Da mühen sich die traditionellen Großkirchen, transferieren aus ihren Kernregionen bedeutende finanzielle Mittel und Mittler in andere Kontinente, insbesondere Afrika und Lateinamerika, bangen um ihre Präsenz – und ringsum wuchern die freien Glaubensgemeinschaften ohne andere Nährstoffe für die Frohbotschaft als die der heimischen Kulturen. Schon ist ein Rückfluß in die alten Herzländer des modernen Reichtums zu bemerken: In englischen Großstädten, so kann man lesen, besuchen mehr Mitglieder farbiger Minderheiten ihre malerischen

Gottesdienste in provisorischen Lokalen als die eingesessenen Briten ihre gotisch gerippten Kathedralen, die sich gerade noch zur Trauung von Herzögen anbieten. Im deutschen Ruhrgebiet sogar, wer hätte das je vermutet, hat eine Wissenschaftlerin mehr als zweihundert solcher freier Fremdkirchen festgestellt.

Ihr Klerus? Der rekrutiert sich aus ehren- oder nebenamtlichen Kräften, aus Busfahrern, Verkäufern, gelernten und ungelernten Arbeitern. Ihre Gottesdienste können sehr nüchtern, aber auch sehr prunkvoll sein; viele Charismatiker lieben wallende Gewänder, Weihrauch und Engelsfiguren; es gibt sogar eine Kirche der Cherubim und Seraphim. Auf jeden Fall ist der Charakter ihrer Liturgien laut, freudig, rhythmisch. Dogmatische Präzision ist in den wenigsten Fällen wichtig. Unter den Veranstaltern wird es einen hohen Prozentsatz an schlauem Unternehmertum, ja finsterer Repression geben, desgleichen jede Menge Fundamentalismus: Exorzismen, mehr oder weniger faßbare Wunder, Heilungen. Aber nach Auskünften der Historiker war und ist dergleichen auch in den Jahrtausenden realer Kirchengeschichte nicht gerade selten.

Bedrängender ist ein anderer, ist der historische Aspekt: die offensichtliche Verwandtschaft dieser Zustände mit den frühesten Jahrhunderten christlicher Geschichte, den Jahrhunderten der »Ausbreitung durch Ansteckung« der weitgehend selbständigen Ortsgemeinden, in denen es (wir lesen es in den ältesten Briefen des Paulus) manchmal sehr exotisch zuging. Ist es vielleicht an dem, daß ein bereits greisenhaftes, nur scheinbar alternativloses Reich von winzigen, aber vitalen Lebensformen befallen wird, die sich zu einem zukunftsträchtigen Projekt zusammenschließen werden oder wenigstens könnten? Diese würden dann nicht nur das Imperium zersetzen, sondern mit ihm die Reste aller alten geistespolitischen Formationen, auch die der traditionell verfaßten Kirchen. Könnte letzteres, die Selbstzersetzung der oligopolen Kirchenkonzerne, als Auftakt und Parallelaktion zur Zerstörung des Imperiums gerade notwendig sein?

Hier ist Vorsicht geboten. Zweifellos wäre der Aufstieg der Frei- und Kleinkirchen nicht möglich, wäre die Vitalität der großen Konfessionen nicht geschwächt und drohte ihnen nicht die Gefahr, eines Tages mit dem einen Mexikaner dazustehen. Aber der Fächer der Sekten und Kleinkirchen ist nicht nur vielfältig, er steht dem Imperium in ganz verschiedenen, ja widersprüchlichen Pespektiven gegenüber und übt infolgedessen in diesem Imperium auch die verschiedensten politisch-gesellschaftlichen Funktionen aus. Die Übergänge von esoterischen Schlußverkaufserwerbungen über Seelenwaschanlagen in strenge und lockere Sekten, von denen wiederum in kleinere und größere Kirchen und Unterkonfessionen bis hinein in Fraktionen des real existierenden Katholizismus, des Protestantismus, der Orthodoxien sind nie oder fast nie scharf markiert; es bedarf eines Satzes von Werkzeugen, der Stellung und Wirksamkeit im Reichspantheon einzeln unterscheidet und ihre Bereitschaft bzw. ihre Fähigkeit zum Widerstand an einigen Eigenschaften erkennbar macht.

3 Glück im Container

Wer den Weg in eine Sekte, eine Freikirche, eine sektenähnliche Fraktion der Großkirchen gefunden hat, der hat wohl Glück gehabt.

Er hatte und hat das Glück, nicht mehr einsam zu sein. Er hat das Glück, eine Weltdeutung, eine Perspektive, zumindest eine Einfärbung der Wirklichkeit geschenkt zu bekommen, die den Nebel der Ratlosigkeit wenn nicht ganz lichtet, so doch zumindest durchsichtiger macht.

Aber man kann es (paradoxerweise) auch umgekehrt beschreiben: Das Glück kann in vielen Fällen einfach darin bestehen, daß man zu einem geschlossenen Dasein, einer menschenwarmen Existenz in einem Container gelangt ist, daß man dabei die Türen zu allem, was nicht dazugehört, einfach zugeschlagen hat. Im Sinne etwa des frühen Sartre-Existentialismus wird der Rest der Wirklichkeit zum »An-Sich«, zur wunsch- und gesichtslosen Masse, aus der das »Für-Sich« des Gläubigen, sein bedürfnisbestimmter Wille, das für ihn notwendige und angenehme Stück Welt herausschlägt.

Der Geschichte entronnen

Bei einer solchen arglosen Plünderung der Gegebenheiten der Gegenwart spielt auch das keine Rolle, was wir »strukturelle Sünde« zu nennen gelernt haben: die Verantwortungsketten, die uns an den Weltzustand des Totalen Marktes binden, und der dadurch geforderte gemeinschaftliche Auszug aus seinem Sklavenhaus. Schon deshalb nicht, weil für alle Fundamentalisten dieser Auszug längst gegeben ist, im Gründungsakt der Sezession von einer Mutterkirche oder in der individuellen Bekehrung aus der Ratlosigkeit. Man ist entrückt – oder steht bereit zur Entrückung, erwählt aus der Masse der ohnehin hoffnungslos Verlorenen.

Und damit entfällt letzten Endes auch jedes engagierte Interesse an Geschichte. Für den Sektierer ist sie ein Wartezustand zwischen ganz wenigen metaweltlichen Ereignissen: dem ersten und dem zweiten Kommen Christi, zwischen Sündenfall und Armageddon, vielleicht auch dem sezessionistischen Gründungsakt und seiner erfüllenden Rechtfertigung im demnächst fälligen Jüngsten Gericht.

Neue Geschichtsfähigkeit und Geschichtsverweigerung

Je nach historischer Mächtigkeit der Sezession entstanden aber auch neue Kirchen im geschichtlichen und geschichtsbewußten Sinne. Die Reformation verstand sich zunächst keineswegs als Akt einer neuen Kirchengründung, sondern vielmehr als Wiederherstellung der Integrität der alten. Erst ihr Einzug in die Komplexität der anhebenden Neuzeit bewirkte neue »Etablierungen«, aus denen wiederum weitere Sezessionen hervorgingen. Und je mehr sich diese neuen Protestantismen von den Mutterhäusern entfernten, desto schärfer denunzierten sie diese als die jeweils schlimmste Hure Babylon. Die Puritaner etwa, welche das anglikanische England verließen und die Schiffe nach Westen bestiegen, schufen die erste (und mächtigste) Reichstheologie des nördlichen Amerika durch die Beschwörung des alttestamentarischen Exodus aus dem Sklavenhaus Ägypten, wobei das englische Haus Tudor oder Stuart ohne weiteres mit den mörderischen Pharaonen gleichgesetzt wurde. MAGNALIA CHRISTI AMERICANA – Amerikanische Großtaten Christi – war denn auch der Titel der ersten Geschichte Neuenglands, verfaßt 1628 von einem Pastor Cotton Mather. Um diese Zeit hatten sich schon neue Sekten vom puritanischen Kirchenregiment abgetrennt und waren weiter in die jeweils eigene Hoffnung gezogen.

Manche von ihnen, wie die Amischen und andere Varianten der Mährischen Brüder oder der Herrnhuter, nutzten die Neue Welt zur ganz und gar jungfräulichen und zeitlosen Gründung der heiligen Gemeinde. Für sie gab es jenseits dieses Aktes keine nennenswerte Geschichte mehr. Sie zementierten diese Starre durch den praktischen und daher doppelt radikalen Dogmatismus ihrer Lebensweise, die bei einer frühneuzeitlichen Landwirtschaft, bei konsequenter Ablehnung von mechanischen Energiesklaven wie Motoren oder Elektrizität und bei konsequentem Festhalten an den Lebens-, Einrichtungs- und Kleiderstilen ihrer Gründerzeit verharrt. Alles in allem ist die Vitalität dieser Gemeinschaften nach einer Geschichte ungeheuren politischen und gesellschaftlichen Leidens erstaunlich, aber auch erschreckend; wie weniger Bauelemente bedarf es doch, um in der scheinbaren Dürftigkeit des gemeinschaftlichen Containers überdurchschnittliches Gemeinschaftsglück zu erzeugen und zu bewahren!

Sekten als Modernisierer: Fischlein im Totalen Markt

Viele andere Sezessionen, die nur dogmatisch und rituell radikal blieben, aber ihren übrigen Lebensstil nicht starr konservierten, wurden sogar zu Trägern der Modernisierung: Die Quäker gehören zu den erfolgreichsten Geschäftsleuten der Welt, und Salt Lake City, die Mormonenkapitale, erstrahlt in allen Leuchtreklamefarben des Kapitalismus.

Dies ist nicht verwunderlich. Der Korpsgeist der Sekte oder Freikirche sorgt fürs seelische Wohlbefinden, die Mehrwerte für Reinvestitionen sind enorm, Heils- oder Unheilskriterien sind in die unendliche Ferne der apokalyptischen Verheißungswörtlichkeit gerückt, und die neutrale Materie der Welt ist moralisch belanglos, ist zur möglichst ergiebigen, seit Reformation und Gegenreformation immer kraftvolleren Behandlung und Ausbeutung freigegeben.

Je kleiner, je insulärer sie in der Gegenwart werden, desto unbekümmerter schwimmen sie im Ozean des Totalen Marktes. Manche, wie etwa die Mun-Sekte oder die aggressive Get-Rich-Quick-Ideologie der Scientology, klinken dem Kapitalismus gleichsam noch einen weiteren Treibsatz an, der fabulöse Renditen ermöglicht. Wichtig ist dabei eine Selbstausbeutung der Gläubigen, die keine Großkirche heute noch fordern oder zumuten dürfte. Sie beweist, daß die Leidensbereitschaft der Menschen im Dienste einer umfassend tröstlichen Welterklärung seit den Tagen der Wiedertäufer und der russischen Altgläubigen, der Raskolniki, nicht wesentlich abgenommen hat.

Wie steht nun der Kultkaiser, der Totale Markt, zu dieser bunten Schar der Christentümer?

Dogmatisch, so möchte man meinen, sind ja viele von ihnen wesentlich rigoroser als die etablierten Großkirchen, stehen der profanen Welt fremder gegenüber. Aber durch die paranoide Logik des geschlossenen Containers entziehen sie sich selbst der feindlichen Reibung an der Reichsmacht. Allenfalls kommt es zu Irritationen, wenn etwa die Amischen, die natürlich immer reicher werden und denen keine andere Investition als Landerwerb erlaubt ist, nach und nach einen halben Bundesstaat der USA zusammenkaufen; darüber wurde und wird berichtet, aber es kam und kommt offenbar nie zu einer grundsätzlichen Konfrontation.

Auf in die Moral Majority!

Typischer ist eine andere Entwicklung, die zunächst sehr überrascht, aber durchaus der Logik beider Seiten, der bunten Sekten und des Kultkaisers, entspricht. Diese Entwicklung ist, wiederum logisch, in den USA am weitesten fortgeschritten und soll deshalb im amerikanischen Kontext behandelt werden.

Bekannt ist, daß fundamentalistische Freikirchen und Sekten den Kern der sogenannten *Moral Majority* bilden, einer mächtigen Initiative, welche (oft sehr erfolgreich) den Kurs der republikanischen Partei, also der kapitalistischen Rechten, beeinflußt oder doch zu beeinflussen sucht. In der Tat ist ihre Macht in den letzten Jahrzehnten gestiegen, und sowohl die Präsidentschaftskandidatur Reagans wie die der beiden Bushs wurde von ihnen unterstützt – nicht ohne eigenen Zugewinn. Die Moral Majority tritt für Familienwerte ein, agitiert gegen Abtreibung, für freien Feuerwaffenbesitz und jede Art von wirtschaftlicher Deregulierung – ein reichlich kurioses Bukett, aber kurios nur aus europäischer Perspektive.

In den USA ist es durchaus üblich, daß Angehörige dieser Sekten (vor allem der millenarisch-apokalyptischen) zu den eifrigsten und willigsten Kooperationspartnern extrem kapitalistisch-republikanischer US-Regierungen geworden sind. Und es ist (andersherum) auch nur logisch, daß eine Regierung, der es um möglichst brutale biosphärische Ausbeutung geht, überzeugte Gläubige der Naherwartung des Jüngsten Gerichts in die entsprechenden Schlüsselstellungen setzt. So überließ Ronald Reagan in seiner ersten Amtszeit das Innenministerium (dem unter anderem die Verwaltung der Naturschutzgebiete anvertraut ist) einem Fundamentalisten, der die Wiederkehr Jesu sozusagen übermorgen erwartete – was macht es da schon aus, ein paar hunderttausend Hektar Urnatur der Ausbeutung zu überliefern? Und George W. Bush folgte zwanzig Jahre später diesem Beispiel, sein Kabinett ist durchsetzt mit Fundamentalisten der Moral Majority.

Geschichte, auch künftige Geschichte, ist für sie wie gesagt kein Problem; ja, sie ist in gewissem Sinne ihr Gegner – vor allem, wenn es um mögliche zukünftige Geschichte geht.

Und genau an diesem Punkt ergibt sich eine tiefere Übereinstimmung, eine nekrophile Harmonie.

Nekrophilie: Mord und Selbstmord als Heilstat

Die Reichsreligion des alternativlosen Totalen Marktes, so sahen wir, findet ihren Endsinn in der Akzeptanz, dem Heroismus des kollektiven Selbstmords. Im weltlichen Bereich öffnet sich dahinter keine andere Perspektive als – wenn es hoch kommt – ein mehr oder weniger bewußter Stoizismus; für ein millenarisches Gemüt hingegen geht hinter der Asche der verwüsteten Erde erst die Sonne des Paradieses auf. Bekannt sind mindestens drei Fälle von kollektivem Sektenmord und -selbstmord – der spektakulärste ist sicher der der Davidianer, die im Feuersturm der US-Bundespolizisten untergingen und deren fürchterliches Erbe die Tat des Timothy MacVeigh wurde.

Dieser sprengte in Oklahoma mit mehreren Zentnern selbstgemixtem Sprengstoff ein gewaltiges Gebäude in die Luft, in dem die verhaßten Bundesbehörden untergebracht waren, aber eben nicht nur sie, sondern auch Tagesstätten für Kinder; der Täter bezeichnete ihren Tod als »Kollateralschaden«. (Man sieht: Von den Kommuniqués des Kosovo-Krieges kann jeder verrückte Mörder nur lernen.) Vorher hatte MacVeigh das Gelände des Davidianer-Untergangs besucht, es war für ihn eine heilige Stätte, die Evidenz der Zerstörung der Freiheit durch die gesichtslose Bundesmacht.

Aber die apokalyptische Naherwartung in allen ihren Variationen bis hin zur Entrückungsphantasie paßt sich nur zu genau in die Bundesmacht, genauer: in die Macht der Reichsreligion, ein. Die von allen Medien und von abertausend Touristen zelebrierte Hinrichtung des MacVeigh war vielleicht für die Angehörigen der Opfer eine Genugtuung; dem kollektiven Zeitgeist war sie etwas anderes und viel mehr: der festliche Lynchmord, der seit der Morgendämmerung der Menschheit Gemeinschaft stiftet und der den fatalen heroischen Gesellschaftsvertrag des kapitalistisch vorprogrammierten Selbstmords vielleicht mit Sinn zu schmücken oder wenigstens etwas hinauszuschieben vermag. All dies ist natürlich der Extremfall, was Wesen und Selbstverständnis von Freikirchen und Sekten betrifft.*

Übergänge und Unterscheidungen

In der gesellschaftlichen Wirklichkeit sind tausend Übergänge möglich und vorhanden: von Großkirchen zu Freikirchen, von Freikirchen zu Sekten und esoterischen Gemeinden, und keineswegs alle strahlen weltzerstörende apokalyptische Verzückung ab.

Dennoch gibt es klar erkennbare Unterschiede, vor allem zwischen den historischen Großkirchen und den apokalyptischen Gemeinden. Und es gibt klare Kriterien, die darüber entscheiden, ob eine christliche Gemeinschaft für eine nachhaltige Welt zu wirken vermag – oder doch zu wirken vermöchte. Aber da muß es zunächst um die Zustandsbeschreibung der Großkirchen selbst gehen – und um ihre historische Entwicklung, aus der sich ihr objektiver Auftrag hier und heute ergeben wird.

* Die innere Verbindung des Oklahoma-Attentats mit den Ereignissen des 11. September 2001 wird wohl erst eine künftige Mentalitätsgeschichte klären können.

4 Die Erblast – oder: Kleider machen Leute

Etliche Jahrzehnte vor Lessings berühmter Ringparabel hat Jonathan Swift eine deftige Satire verfaßt, der ebenfalls drei Söhne und ein väterliches Erbe zugrunde liegen. (Der Titel: *Märchen von einer Tonne.* Es kommt allerdings überhaupt keine Tonne darin vor.)

Ein sterbender Vater hinterläßt den drei Söhnen je einen von drei gleich aussehenden, gut geschneiderten, sehr soliden, aber prunklosen Überröcken und mahnt sie, dieses Erbe unversehrt und unverfälscht zu erhalten. In einem Testament legt er sogar genaue Verhaltensregeln und Verbote die Behandlung der Röcke betreffend fest.

Was die Söhne nun mit dem Erbe anstellen, verraten mehr oder weniger schon ihre Namen: Peter, Martin und Jack. Peter steht natürlich für Rom, Martin für den Martin aus Wittenberg, deckt aber in Swifts Augen offensichtlich auch das anglikanische Modell ab: Reformation mit Dezenz. Jack hingegen ist der feuerschnaubende puritanische Dissident, eine Rolle, die heutzutage kaum mehr in alter Pracht anzutreffen ist; auch die Apostel der amerikanischen Moral Majority sind nur ein schwacher Abklatsch.

Es soll hier nicht im einzelnen nacherzählt werden, was die Brüder aus ihren Röcken machen; schon deshalb nicht, weil Swift in der Geschichte nicht auf der Höhe seines Könnens ist. (Sie ist Fragment geblieben.) Klar ist, daß auch die Brüder von ihren Kleidern gemacht werden, getreu dem alten Sprichwort.

Und es ist tatsächlich hilfreich, von diesem Sprichwort auszugehen, wenn man von der Geschichte der alten, verfaßten Kirchen spricht – viel wörtlicher, als Swift es gemeint hat.

Die kaiserliche Kleiderkammer

Ab 312 n. Chr. geschah es nämlich, daß christliche Patriarchen, Metropoliten, Bischöfe und Theologen, aus dem Untergrund der Reichsverfolgung auftauchend, quasi über Nacht in der kaiserlich-byzantinischen Kleiderkammer für höhere Chargen ausstaffiert wurden – mit allem, was das Hofzeremoniell für höhere Chargen vorsah: Mitra, Dalmatika, Manipel, Rauchmantel, Popenkrone und so fort. Sie sind nie mehr aus dieser Hoftracht herausgekommen, jedenfalls nicht völlig. Der Protestantismus versuchte sich später davon zu lösen, ging zu würdigen frühneuzeitlichen Amtsroben über und sah in denen prompt genauso alt aus.

Mit solchen Kleidern waren Reichsreligion und, später, Landeskirchentum gemacht. Die kaiserliche Tracht wurde mit reicher theologischer Allegorie aufgeladen; aber selbst außerhalb des heiligen Dienstes hatte sich der Kleriker vom Laien im Kostüm abzuheben. Die gesellschaftlichen Folgen verschränkten sich mit Politik und Ästhetik: Der päpstliche Nuntius ist nun mal der Doyen des diplomatischen Korps und sorgt seidenmoiréraschelnd für Stil bei den Empfängen monotoner moderner Republiken.

Die neue Alternativlosigkeit

Der Mann, dem wir all dies verdanken, hieß Konstantin, ein Soldatenkaiser vom Balkan wie etliche andere vor ihm. Die, wie etwa der mächtige und gescheite Diokletian, hatten am Kampf gegen die rebellische christliche Alternative festgehalten, wie er jahrhundertelang geführt worden war. Konstantin jedoch begriff, daß sich mit dieser disziplinierten Minderheit eine neue, viel subtilere und zwingendere Alternativlosigkeit etablieren ließ. Und er ging mit ihr auch so um, wie er es begriff: Der neue, eine Gott des Himmels und der Erde forderte Reichsharmonie, konnte sie aber auch viel sicherer garantieren als die alte, transzendenzarme *Fortuna Caesaris*. Und mit solcher Einsicht und ihrer Umsetzung wurde er, über die Wirkungsgeschichte von mindestens fünfzehn Jahrhunderten, zum größten Veränderer der Welt überhaupt.

Es war seit eh und je Sache des Kaisers (in seinem Amt als Pontifex maximus), sich um die religiöse Reichsharmonie zu kümmern; es durfte keinen Streit geben, der das Reich durcheinanderbrachte, das Wesen Gottes mußte verbindlich festgemacht werden, und so berief er Konzilien ein; das erste nach Nicäa, mit dem die neue Alternativlosigkeit begann.

Dies ist kein Buch über Kirchengeschichte. Es genügt festzustellen, daß mit der gewonnenen Gunst des Kaisers sofort der schlimmste Feind der Menschheit im Innern der Kirche tätig wurde: der Opportunismus. Die Massen drängten hinein und überrannten die frühchristliche Disziplin der Aufnahme. Nachweislich drangen damit auch die Werte und Bräuche der heidnischen Spätantike ein – nachdem schon zwei Jahrhunderte lang der christliche Diskurs von Denkkategorien des Hellenismus mitgeformt worden war.

Das Reich und die Botschaft

Von Anfang 312 an wölbte sich also die neue Religion über einem sehr bunten Reich. Und die Intoleranz, die sie rasch entfaltete, tat nicht viel dazu, dies zu ändern. So entstand das Europa, das wir kennen, vollends ergänzt durch die kollektiven Reichstaufen der Goten, der Franken, der Polen, der Rus und vieler anderer; in Konflikte gestürzt durch rivalisierende Christenreiche, durch Aufspaltungen in verschiedene Reichskirchen.

Vor allem aber war es die wachsende Kluft zwischen der palästinensischen Morgenröte, den evangelischen Reich-Gottes-Forderungen, der urkirchlichen Schlichtheit und Egalität, die trotz aller esoterischen Allegorisierung der Texte nicht zu übersehen war, und der römisch-byzantinischen Erblast. Inmitten von Weihrauch, Goldbrokat, feierlichen Intonationen unter dem riesigen Goldbildnis des Christos Pantokrator, des Allherrschers, immer wieder aufsteigend aus mannigfaltigen Schichten von Theologie und Leiderfahrung, die Sehnsucht nach dem Nazarener und seiner bekennenden freien Armut.

Massaker (das hätten die Kirchen aus der Zeit vor 312 wissen sollen) änderten da nichts, machten es nur schlimmer. So entstand die Kette der versuchten Reinigungen und Gegensäuberungen, beginnend mit den Mönchen der Wüste und ausgreifend in trotzige Konfliktbereitschaft auf beiden Seiten. Die Katharer, die aller künftigen Ketzerei ihren Namen gaben, nannten sich selbst die Reinen; vor und hinter den Katharern Bogumilen, Armutsjünger innerhalb und außerhalb der Kirche; Wycliffe und die Hussiten, Anabaptisten, Raskolniki – und immer wieder heilige Narren, unangreifbar infolge offensichtlicher Erwähltheit: Francesco in Italien, Sergej in Rußland, dazu die Mystiker und vor allem die Mystikerinnen, letzten Endes unangreifbar für die große Disziplin, oft Politikerinnen von Format wie Theresia von Ávila oder Katharina von Siena.

Das alles wurde Kirchengeschichte; darauf kommt es an. Und es wurde europäische Geschichte. Sie wimmelte von den fürchterlichsten Schurkereien; es ist sinnlos, die Kriminalgeschichte des Christentums zu leugnen oder verwässernd umzudeuten, das hat sogar schon das Heilige Offizium gemerkt, und der Papst entschuldigt sich neuerdings laufend (allerdings nicht ganz aufrichtig – davon muß später die Rede sein). Aber es wurde eben nicht nur Kirchengeschichte; es wurde zur formenden Kraft der künftig dominierenden Kultur der Menschheit.

Diese Kraft, Erbin imperialer Staatsräson, glaubte oft genug zu steuern und wurde selbst – während sie ihre Dekrete niederlegte und ihre wirklichen und vermeintlichen Gegner niederschmetterte – aus meist unbegriffenen Dunkelheiten heraus gelenkt, getränkt, erbte heilige Plätze und uralte Weihtümer, schwarze Göttinnen, Reliquien, tausend lokale Kulte und Feste und Frömmigkeitsformen, bildete goldene Legenden und sang geistliche Texte zu heidnischen Weisen der Verführung, während sich die Theologen in immer subtilere und trockenere Dispute verstrickten.

Was blieb, was dem Christentum, auch nach dem Urteil Außenstehender, bis heute verblieb, war und ist das Erbarmen. Es blieb und bleibt den Kirchen angeheftet, ob sie selbst es deutlich gewahren oder nicht.

Abgabe von Werten an die Weltlichkeit

Das Erbarmen und die Überzeugung von der unzerstörbaren Würde des Menschenkindes färbt nicht nur die Kirchen selbst ein, es bleibt als Erbbestand der europäischen Kultur in allen Sezessionen und Sekten und selbst noch in den großen säkularen Aufständen der Neuzeit. Oft genug offenbart es sich im Charisma der Ketzer, in der Mahl- und Lebensgemeinschaft der Taboriten, in den menschenbrüderlichen Entwürfen der Quäker, in der freimaurerischen Arie von Mozarts Sarastro, in der Solidarität der organisierten Proletarier; und während Franco für den Christkönig und das katholische Spanien massenmordet, entfaltet sich im Herrschaftsgebiet der anarchistischen Brigade Durruti (nach der Ausrottung oder Verjagung des Klerus, sicher) urchristlich anmutende Arbeits- und Lebensweise.

Stete Abgabe von konstituierenden Werten an die erstarkende Weltlichkeit: Das ist so etwas wie ein Grundgesetz der Geschichte und Kirchengeschichte Europas. Und, nach

1492, natürlich auch Amerikas, mit neuen Dimensionen der Freiheit und der Grausamkeit, des einfältigen Triumphes und der kulturellen Relativierung. Währenddessen fanden in der Alten europäischen Welt die entscheidenden Trennungen, Säuberungen, Liquidationen statt – bis zur Enthüllung der großen, der neuen weltlichen Subjekte: der voraussetzungslosen Wissenschaft und der voraussetzungslosen Staatsräson.

Die Großkirchen, insbesondere die römisch-katholische, haben diesen Prozeß fast immer als den großen Abfall verstanden; erst ihre letzten Generationen begannen zu begreifen, daß er sich in engster Problemverschlingung mit der Gestalt der Christenheit und Rückwirkung auf ihre Befindlichkeit in der Zeit abspielte und abspielt. Und man lernte begreifen, daß sich all dies in der Kontinuität der jüdisch-christlichen Überlieferung abspielte und abspielt.

Ärgernisse und Verlegenheiten

Seit ihren Anfängen standen und stehen die großen Ärgernisse der heiligen Schriften dem scheinbar geordneten Bestand des kanonischen Glaubens, der hierarchischen Konsolidierung im Wege; vom geheimnisvollen Verrat des Urpaares an, von der Ermordung des Hirten durch den Ackerbauern und Städtegründer, der dann weiterlebt mit dem Kainsmal auf der Stirn; seit dem gottgewollten Exodus des Nomaden Abraham aus dem seßhaften Gemeinwesen Ur; seit der rebellischen Flucht der Stämme Israels aus der Nilkultur; seit der göttlichen Verordnung des Jubeljahrs, das alle fünfzig Jahre die Verträge der Zivilgesellschaft außer Kraft setzt; seit den Attacken der Propheten auf die heiligen Gewißheiten des Tempelbüros und seit der Predigt Jesu, die alle Verhältnisse auf den Kopf stellt; seit seinem Untergang in einem schändlichen, aber politisch gut gemachten Prozeß sieht sich eine kaiserliche Reichsreligion außerstande, diese Texte verschwinden zu lassen, schleppt sie durch die Jahrtausende mit, bemüht sich um genehme Auslegung, verbietet gar ungeschützte, also ganz persönliche Lektüre der Bibel, wird aber stets belästigt von den Moskitoschwärmen der vielen Außenseiter und, was schlimmer ist, bedrängt von Insidern, die es etwas genauer wissen wollen und dann im Kerker oder auf dem Scheiterhaufen landen oder die, im rechten historischen Augenblick, ein Papier an eine Kirchentür nageln (Luther tat das gar nicht, aber die Legende ist schöner als die Tatsachen) und einen halben Kontinent vom Heiligen Römischen Büro wegsprengen.

Und die Gegenseite, das Ziel des Protests, die überkommene Religiosität, profitiert davon. Um dies zu konkretisieren, lohnt es sich, bei Luthers reformatorischer Urtat etwas länger zu verweilen.

Die Logik der voll konvertierbaren Gnadenwährung

Bekanntlich wurde sie durch eine Ablaßkampagne ausgelöst: Ein Dominikaner namens Tetzel predigte zugunsten einer neuen Wallfahrt, und die Spenden dafür konnten in Ablässe, d. h. in die Erleichterung oder den Ersatz alter Kirchenstrafen konvertiert werden. (Selbst fromme Katholiken wußten und wissen das nicht oder nicht so genau, übersetzen meist Ablaßzeiteinheiten direkt in gestrichenen oder reduzierten Fegefeuerknast.) Das Bankhaus Fugger hatte die Organisationskosten vorgestreckt und ließ die Kampagne durch uniformierte Beamte begleiten, die unmittelbar an den Opferkästen Prozente für die Firma einstrichen. So entstand das volkstümliche Reim-Bonmot:

Wenn das Geld im Kasten klingt,
Die Seele in den Himmel springt.

Wie gesagt: Theologisch korrekt war eine solche Darstellung nicht; aber darauf kommt es auch gar nicht an. Worauf es ankommt, ist die damalige gesellschaftlich-ökonomische Alltagswirklichkeit, und hierzu hatte Rom, noch mehr aber die geschäftstüchtigen Päpste des Avignon-Exils, hervorragende Beiträge geleistet.

Man hatte nämlich den Gnadenschatz, den *thesaurus ecclesiae*, als das Zentrum der Heilsverwaltung postuliert. Demnach hat Christus durch sein Erlösungswerk ein Gnadenkapital gewährt, dem durch die weiteren Einlagen der Heiligen und Märtyrer stetig zugestiftet wurde und wird. Dieses Gnadenkapital zu verwalten ist Recht und Pflicht der Kirche. Sie kann, wie sie dies im weltlichen Betrieb längst tat, Wechsel auf dieses Kapital ausstellen, und dazu gehören eben auch Ablaßbriefe. Durch das Portal frommer Spenden wird die Gnadenwährung voll konvertierbar mit den Währungen der Welt, und so konnten die Fuggerbeamten, die Tetzel begleiteten, professionelle Liebesdienste mit Ablaßbriefen bezahlen – ein geniales System der Deregulierung, verschanzt im Bollwerk seiner eisernen juristisch-ökonomistischen Logik.

Und die, mit allen ihren organisatorischen Einzelheiten, beherrschte das Kirchenbild, die Kirchengestalt in den Köpfen und Sinnen, das ganze Ineinander von Gnade und Juristerei in Handel und Wandel.

Man muß sich klarmachen, daß all das sehr konkret war. So taten etwa Männer, die ins Geschäftsleben gingen, gut daran, sich die niederen Weihen zu verschaffen; sie waren damit Klienten des internationalen Kirchenrechts, im Falle etwa von Verschuldung oder Zivilprozessen dem Zugriff des weltlichen Landesherrn nicht ohne weiteres ausgesetzt. Andererseits belegten Fürstbischöfe als Landesherren ein Dorf ohne Zögern mit dem Interdikt, d. h. der Sperrung der Sakramente, wenn es beim Steuerzahlen säumig war.

Das System hatte lange gebraucht, um sich zu vervollkommnen, und es war seinerseits als Modernisierung entstanden – als Übernahme vor allem der Kategorien des italienischen Frühkapitalismus, den es dann durch seine eigene

Aktivität verstärkte. Daß das System letzten Endes scheiterte (und zwar nicht nur auf reformatorischem, sondern auch auf katholischem Boden), war der Logik der geistigen Austauschprozesse zu verdanken, welche die europäische Welt weiterbrachten (oder wenigstens so erschienen, als täten sie dies). Und dieser spätmittelalterlichen Kirchengestalt der Gnadenverwaltung war schon im 11. Jahrhundert eine andere vorausgegangen: die Phase der »päpstlichen Revolution« gegen den westlichen Cäsaropapismus der Ottonenkaiser und ihrer Nachfolger. Aus dieser päpstlichen Revolution Gregors VII. war die Idee der Kreuzzüge erwachsen, die durch das ganze weitere Mittelalter am Leben blieb: Christoph Kolumbus segelte mit der festen Absicht nach Westen, indisches Gold aufzutreiben, mit dem der letzte und größte Kreuzzug, die Rückeroberung des heiligen Grabes, finanziert werden sollte.

Spanisches Gold, protestantischer Fleiß, neue Wissenschaft

Kolumbus war noch ein mittelalterlicher Mensch; an etwas wie die Rückeroberung des heiligen Grabes dachten die Konquistadoren, dachten Männer wie Cortés und Pizarro längst nicht mehr. Sie waren, wie Martin Luther und Calvin, Söhne und Former einer neuen Zeit. Und schon ernährten sie, jeder auf seine Weise, den Parasiten, der nach lächerlichen elf oder zwölf Generationen zum Herrn der Welt aufsteigen würde; nährten ihn mit nördlicher Arbeitsethik und spanisch-portugiesischem Edelmetall.

Mit der Moderne säkularisierte sich die Problemverschlingung mehr und mehr, die neuen Geister wurden radikaler, altes Pfaffengezänk, etwa um die Rechtfertigungslehre, interessierte nicht mehr. Sowohl die Metropoliten und Päpste in Krone und Tiara wie die neuen Würdenträger im schwarzen Talar wurden gezwungen, in den Spiegel der voraussetzungslosen Wissenschaftlichkeit zu blicken, die neuen Erkenntnismethoden zur eigenen Kenntnis zu nehmen. Eine ihrer ersten Großtaten noch in der Renaissance war der textkritische Beweis für die Fälschung der Konstantinischen Schenkung, eines Dokuments, auf das die Päpste die Legitimation ihres italienischen Staatsbesitzes gründeten. Hinter solcher Detektivarbeit steckte keine fromme Rebellion aus neu gelesener biblischer Botschaft mehr, sondern blanker, fast sofort haßerfüllter Laizismus – in den romanisch-katholischen Ländern mehr als im Herrschaftsgebiet der Reformation. Was sich zunehmend verlor, war der Angstschweiß der Weltkinder; was zunehmend ruchbar wurde, war der Angstschweiß in byzantinischen und altdeutschen Roben.

Denn die Kirchen sahen im Neuen zunächst und lange Zeit nichts als Hoffart und Sündenmacht. Teilweise war das auch richtig, aber nur teilweise. Denn man übersah die Chancen der Reifung, die in den jüngsten Erkenntnisformen steckten. Es dauerte Jahrhunderte, bis so etwas wie eine Koexistenz der modernen, erkenntnisoffenen Universitas und der Kirchen zustande kam. Da ging es noch lange um das genaue Geburtsdatum der Schöpfung, dann um die jeweils einzelne Schöpfungstat für jede Lebensform. Da ging es um den genauen Modus der Inspiration biblischer Autoren und damit die Wortwörtlichkeit der Offenbarung – heute ermüdet es nur, all diese alten Streitthemen im einzelnen zu erörtern.

Vermutlich wichtiger als diese war das Eindringen der historisch-kritischen Methode in die Auslegung der Bibel an sich. Sie begann (man ist versucht zu sagen natürlich) im Protestantismus, genaugenommen auf protestantischen Lehrstühlen in Deutschland. Und sie ist innig verflochten mit dem Aufstieg der idealistischen Philosophie: Deren eminente Geister erwuchsen fast alle aus der deutsch-protestantischen Kultur.

Das 19. war, oberflächlich gesehen, ein höchst peinliches Jahrhundert für alle verfaßten Kirchen; ein Jahrhundert, in dem sich die Aufklärung in Politik und gesellschaftliche Wirklichkeit vor allem in theoretischen und praktischen Materialismus übersetzte. Alle Kirchen wurden ohne Ausnahme in die Allianz der sogenannten bewahrenden Kräfte gedrängt, auf die Seite der mehr oder weniger lernunfähigen alten Mächte, wobei sich die sonderbarsten Schulterschlüsse ergaben. Der Protestantismus mit seinen angelsächsischen Tochterkirchen tat sich dabei noch am leichtesten, wurde immer sichtbarer zum Wurmfortsatz der jeweiligen Zivilreligion; die Orthodoxie des Ostens, soweit sie nicht unter der Herrschaft der Türken zur Sachwalterin der unterworfenen Christentümer wurde, aber auch weidlich zur Aufrechterhaltung der Ordnung beitragen mußte, war immer stärker an den Zarenthron gekettet; und Rom, das noch am selbständigsten blieb, baute sich systematisch eine feindselige Festung ins Jahrhundert des Abfalls und der weltanschaulichen Beliebigkeit – so wurde das Schriftwort von »Petrus dem Fels« interpretiert. 1864 erging der sogenannte *syllabus errorum*, also ein Katalog der Irrtümer, der so ziemlich alle autonomen Regungen des neuen Weltgeistes, insbesondere Volkssouveränität und Gedankenfreit, verdammte, und ab 1870 wurde diese starre Unfehlbarkeit verleiblicht in der des Papstes, der nun, vom weltlichen Pathos der italienischen Einigung seines weltlichen Territoriums beraubt, als der »Gefangene im Vatikan« eine bis dahin unerhörte Autorität in Anspruch nahm (und innerkirchlich auch durchsetzte).

Die Sache der Kirchen schien endgültig eine Sache der Vergangenheit zu sein, jedenfalls für die überwältigende Mehrheit der europäischen Intelligenz, die etwa im Petrusfelsen bestenfalls ein ehrwürdiges Kulturmuseum sah.

Dennoch waren die Kirchen auf sinnliche Weise weiter präsent: als Volkskirche und Gesittung in den Köpfen und Herzen der breiten Massen. Für die läuteten noch die Glocken, waren noch die Priester da mit den Sakramenten für Geburt, Heirat und Tod – und sie waren noch auf eine fast stumme, aber meist völlig unbefragte Weise verbunden in einer Solidarität der Lebenden und Toten. Ihre feste Gestalt in der europäischen Kultur mochte brüchig und schütter werden – präsent waren sie noch allemal (der Protestantismus vielleicht am wenigsten körperhaft).

Und zudem: Die Kirchen hatten Christentum ausgesät, viel davon war aufgegangen, in allen möglichen weltlichen Formen und Verleiblichungen. Johannes XXIII. hat das sehr anschaulich beschrieben in den Bildern des Gleichnisses vom Sämann, der auf dem Weg, zwischen den Steinen, im Gestrüpp seine Körner verstreut und überraschend Frucht aufgehen sieht. Menschenwürde und säkulare politische Gestalt, sozialer Zorn und soziales Engagement, wacher Argwohn gegen alle möglichen Götzen, kritische Selbstbeobachtung und die Suche nach der Eigentlichkeit, der gesellschaftlichen wie der persönlichen: Das war sowohl in der Tradition wie in der Gegnerschaft, in der christlichen Inbesitznahme des römisch-griechischen Erbes wie in seiner kritischen Verwendung gegen die Kirchen selbst, lebendig und nicht mehr abzuschaffen.

Dennoch: Was jahrhundertelang gelungen war (recht und schlecht manchmal, aber oft genug brilliant), nämlich die konkrete Verleiblichung der verfaßten Christentümer in den jeweiligen Kulturen, begann zu schwinden – langsam im 19., dann verhältnismäßig rasch im 20. Jahrhundert. Und der erfolgreichste Angriff auf die Kirchen war eben nicht der Bolschewismus, war auch nicht der Hitlerismus. Solche Feinde konnten Druck ausüben, gewiß, manchmal höchst spürbaren und folgenreichen Druck; aber die Kernbestände der Christentümer wurden unter diesem Druck dichter, als sie vorher in den monarchisch-feudalen oder den liberal-zivilisierten Gesellschaften gewesen waren.

Der erfolgreichste Angriff

Der offensichtlich erfolgreichste Angriff auf die letzten Reste einer normensetzenden »Volkskirche« scheint in unseren Tagen dem Mammonismus zu gelingen. Und warum?

Man kommt diesem Warum am sichersten auf die Spur, wenn man sich die Geschichte der alltäglichen Frömmigkeit in den letzten Jahrhunderten und ihrer Bezüge zur Lebenswelt ansieht. Ausgehen kann die Betrachtung von einem Stück Erbauungsliteratur, das eine der wirksamsten Seelenmächte Europas wurde.

5 Die gute Meinung

Es gab es in christlichen Landen seit dem 15. Jahrhundert ein Buch, das von dem Flamen Thomas à Kempis verfaßt war und den Titel *Die Nachfolge Christi* trug. Es blieb durch Jahrhunderte, bis ins 20. hinein, der Bestseller knapp hinter der Bibel.

Der Verfasser und seine Frömmigkeit entsprossen der flämisch-niederländischen Stadtkultur, wohl der reichsten im damaligen Europa. Das Buch ist Zeugnis einer Emanzipation; Zeugnis erwachender Bürgerfrömmigkeit, Wegweiser in eine individuelle Seelenkultur für Geistliche wie Laien, die sich bewußt und selbstbewußt der christlichen Alltagsexistenz annahm, bis hinein in die Sphären rechtschaffenen Tagewerks, weg vom Ritualismus und der klerikalen Gnadenjuristerei des Spätmittelalters. Man nannte diese Bewegung bezeichnenderweise *devotio moderna* – neue Frömmigkeit.

Aussaat neuer Frömmigkeit

Es ist nicht schwer, sich die Wirkungen auf die Geschichte der europäischen Mentalität und damit auf die Rolle Europas im neuzeitlichen Welttheater vorzustellen – sie waren gewaltig. Wenn Max Weber die »protestantische Ethik« als Treibstoff des Neuzeitmotors ausmachte, sah er die Dinge wohl zu eng: Es war die *devotio moderna*, aus der sowohl die reformatorische (insbesondere die calvinistische) wie die gegenreformatorischjesuitische Disziplin erwuchsen. Es waren Jünger der *devotio moderna*, die in Paris das Collegium Mont-Aigu errichteten, in dem sowohl Calvin wie Ignatius von Loyola studierten, und zwar fast gleichzeitig. Konfessionsübergreifend entstand eine Laienspiritualität der Nachfolge Christi, welche Hunderttausende von Gläubigen dem Gefühl der Frustration, dem Gefühl vergeblichen Mühens um das Heil entrissen hat. Gerade den kleinen Leuten, den Bescheidenen und Frommen, den Ständen der Primär- und einsetzenden Sekundärproduktion, darüber hinaus den dienstleistenden Knechten und Mägden, sicherte sie einen entscheidenden Anteil am Heilsplan zu. Der (und die) Fromme wurde darauf hingewiesen, daß seine (oder ihre) unbedeutende Existenz teilhatte am Reich der Lebenden und der Toten, der ringenden und der schon triumphierenden Christenheit; daß sie gewissermaßen von unten das Muster eines Teppichs mitknüpften, den Gott am Tage des Heils umwenden, ja enthüllen wird in seiner ganzen herrlichen Harmonie. Oder, um ein neutestamentliches Bild zu gebrauchen: Eck- und Schlußstein aller Motive des heilsgeschichtlichen Baus wird dann gerade der Beitrag jener sein, die in diesem Leben und mit irdischen Augen keinerlei historische Bedeutung ihrer Mühen und Entbehrungen zu gewahren vermögen: »Der Stein, den die Bauleute verwarfen, ist zum Eckstein geworden…«

Noch leben Menschen, die (vermutlich als letzte) in ihrer Kindheit die Atmosphäre dieser Alltagsspiritualität erleben konnten, eine Atmosphäre selbstverständlicher, meist gebetsgestützter Opferbereitschaft, williger Dienstleistung, eine Atmosphäre auch der geistlich-kirchlichen Binnenkultur, an der gewissenhafte, d. h. gewissensgebildete Christen vom Würdenträger bis zur Bauerntochter teilhatten. Es hat Mißbrauch gegeben, unerhörten Mißbrauch sogar; es hat mißglückte und leider auch geglückte Manöver der Gängelung und Machtausübung, unerträglicher sozialer Kontrolle gegeben – die um so unerträglicher war, als sie, im Gegensatz etwa zur naiven Tyrannei des Mittelalters mit seinen Interdikten und Bannbullen, das Kriegstheater ins Innere des Menschen, in seine Selenarena verlegte. Aber es hat genug Menschen gegeben, die eine beglückende Alltagsspiritualität nicht nur zu verkünden, sondern auch im Sinn des jeweiligen Jahrhunderts weiterzuentwickeln wußten.

Heute ist diese Spiritualität so gut wie verschwunden; es gibt Gründe, das zu bedauern, ja sogar Gründe, es als den Beginn der modernen Barbarisierung zu deuten. Aber dabei soll man nicht stehenbleiben. Vielmehr gilt es zu fragen, ob in diesem Verschwinden nicht eine historische Logik zu gewahren ist, die auf künftige Notwendigkeiten hinweist.

Krise der Alltagsspiritualität

Auch hier stellt sich zunächst die Frage nach dem Warum: Warum war eine hochentwickelte Alltagsspiritualität nicht imstande oder nicht mehr imstande, den Alltag des 20. Jahrhunderts so zu durchwirken, wie sie den Alltag des 16., des 17., des 18. und bis zu einem gewissen Grade noch des 19. durchwirkt hat? Liegt es vielleicht daran, daß niemand mehr die schönen alten Geschichten der Bibel und der Heiligenlegenden wörtlich nimmt? Liegt es mit anderen Worten daran, daß es für die Alltagsspiritualität immer einer gewissen Wörtlichkeit und damit einer gewissen Naivität bedarf – modern ausgedrückt: eines gewissen Fundamentalismus? Dann wären wir wieder bei den Boutiquen im Pantheon, beim Ausschluß säkularer Errungenschaften und säkularer Logik, bei Zirkelchen und Postillen und wundersamen Engelwerken und wer weiß was noch für inner- und außerkirchlichen Sekten.

Aber eine wahrhaftige Spiritualität der Gegenwart und Zukunft kann sich nicht der tiefen Unwahrhaftigkeit des sektiererischen Hermetismus ausliefern, sie muß in lebendigem Bezug zu allen wesentlichen und wesenhaften Kräften der Erkenntnis und der weltweiten Imperative bleiben.

Hier ist ein Rückblick geboten, ein Rückblick auf das kirchliche 19. Jahrhundert, dem dies nicht mehr gelungen ist; und die defätistischen Abwehrbewegungen gegenüber der Naturwissenschaft waren noch nicht einmal der Hauptgrund dafür. Der Hauptgrund war vielmehr die Tatsache, daß sich die Alltagsspiritualität seit der *devotio moderna* in Standespflichten konkretisiert hatte, vom Fürstenspiegel bis hinab zum Ackerbauern und Holzknecht. Die gewissenhafte Erfüllung der Standespflichten war die Grundbedingung, die *conditio sine qua non* jedweder neueren Spiritualiät, insbesondere der Laien. Natürlich hat sich etwa der christliche Soldat am Bauersmann und seiner Tochter so schadlos gehalten wie schon der römische Legionär, und der christliche Fürst hatte seinen Machiavelli auf dem Nachttisch liegen. Aber als normsetzend wurden die Standespflichten noch immer empfunden – und damit ging es spätestens seit der Französischen Revolution ziemlich rasch zu Ende.

Die alten Identitäten gingen ein, gingen verloren, niemand und nichts konnte sie zurückbringen. Frömmigkeit, Seelenpflege, Spiritualität hatte unter solchen Umständen immer weniger mit den alltäglichen, den beruflichen, den familiären Entscheidungen zu tun. Es entstand jene farblose bourgeoise Innerlichkeit, deren fatale Problematik der neueren kritischen Theologie wohlbekannt ist. Diese blasse Innerlichkeit ist auch durch die Blutleere christlicher Kunst seit den Nazarenern aufs peinlichste belegt – eine Kraftlosigkeit, die etwa die Figur der Madonna zu Lourdes und Fátima zu anorektischer Amenorrhöe heruntergebracht hat und die die Mutter Kirche nur noch als sanfttraurige Kindergartentante abzubilden vermag, welche die armen Kleinen vor steinewerfenden weltlichen Lümmeln am Gartenzaun schützt.

Ein letzter Behelf

In dieser magersüchtigen Zeit taucht nun ein letzter Behelf auf, eine innere Übung, auf deren katholischen Namen sich der eine oder andere alte Zeitgenosse noch besinnen kann: die sogenannte gute Meinung. Sie war, wenn man so will, der letzte Aufguß der *devotio moderna* – eine tägliche Anmutung, mit der man alles, was immer man tat bis hinab zu den banalsten Alltagsverrichtungen, dem Himmel als intentional wohlgefällig anbot und sie dadurch gewissermaßen mit einem Gnadenbörsenkurs versah. (Im Protestantismus war dies historisch vielleicht noch deutlicher begründet.)

Eine solche Spiritualität mußte gegenüber der immer profaneren Welt ins Hintertreffen geraten. Der erste massive Totalverlust der Kirchen war logischerweise das Proletariat. Die rohe Gemeinheit der frühen Maschinen, die Standardisierung der Arbeitszeit, die Zerlegung sinnvoller Produktion in Einzelvorgänge mechanischer und damit stetig erschöpfender Wiederholung: das gab für gute Meinung, aus alten Standespflichten entwickelt, beim besten Willen nichts mehr her. Die überraschend erfolgreiche Sozialisierung und Existenzbetreuung der neuen Massen ging auf andere Kräfte über, die zunächst von Adel, Bourgeoisie und Kirche nur mit feindseligem Entsetzen wahrgenommen wurden. (Für die damals ernstgemeinte, aber hoffnungslos überholte Seelsorge am vierten Stand mag das Signum stehen, das der deutsche Katholizismus in der Mitte des 19. Jahrhunderts für adäquat hielt: *Gesellenverein…*)

Erosion von rechts

Viel bedrohlicher wurde die große Erosion von rechts, von der Macht des Kapitalismus her. Sie wurde (und wird teilweise noch heute) weit weniger beachtet. Die rechte Gottlosigkeit, in ihrer Wirkung weit effektiver als die gefürchtete linke, verbarg sich hinter distanziertem Agnostizismus, institutionalisierter Heuchelei, traditioneller öffentlicher Etikette, bewährten Masken bürgerlicher Sentimentalität. (Man denke an die *deutsche Weihnacht*!) All dies ließ sich mit den atomisierten Resten der Innerlichkeit durchaus vereinen; die Kirchen wagten und wagen es entweder nicht, dieser Bedrohung mit der nötigen Klarheit entgegenzutreten – oder gewahren sie noch immer nicht als solche.

Dabei ist die zeitgeschichtliche Evidenz deutlich genug; man sehe sich nur das 20. Jahrhundert an! Was die Kirchen in seinen sogenannten normalen Perioden und Landschaften auslaugte, war die maskierte rechte Gottlosigkeit; was sie hier und dort erstarken ließ, war offene Verfolgung; in Nazideutschland, im Sowjetreich, in den Diktaturen Lateinamerikas. Mit anderen Worten: Was die Kirchen unverhofft kräftigte, war der Abschied von genau der Normalität, die der guten Meinung allzulang als Lebensraum angemessen schien. Es bestätigte sich das Diktum des unerbittlichen Theologen Erik Petersen: Ein Jahrhundert ohne Märtyrer ist ein Jahrhundert ohne Kirche.

Und so ist das eigentlich Charakteristische (aber auch zutiefst Peinliche), daß gerade in den »Ländern der Normalität« die gesellschaftlich-wirtschaftliche und damit auch die politisch-ethische Basis für gute Meinung ständig reduziert wurde und wird, ja daß sie im Verschwinden begriffen ist.

Fill in the dotted line

Kurz nach dem Zweiten Weltkrieg erschien in den USA ein Buch von einem protestantischen Theologen mit dem Titel *The Power of Positive Thinking* – Die Macht des positiven Denkens –, in dem (vielleicht zum letzten Mal) die Lehre von der guten Meinung zentral, radikal-optimistisch und damit zur Karikatur verzerrt vorzufinden ist. So enthält das Buch etwa eine Gebetsformel für Handlungsreisende: *Lord, fill me with enthusiasm for my product (fill in the dotted line)* – Herr, erfülle mich mit Begeisterung für mein Produkt (auf die gestrichelte Linie eintragen)!

Aber es gibt immer weniger Waren und Dienstleistungen unseres Wirtschafts- und Lebensbetriebs, die wir auf die gestrichelte Linie eintragen können. Die Pointe ist nämlich die, daß erkennbar schuldhafte Tätigkeit unter gar keinen Umständen durch gute Meinung wiedergutgemacht werden kann, nicht gestern und nicht heute – da mußten die Kirchen konsequent bleiben. Aber heute ist die Sünde strukturell geworden, pulst in allen Kreisläufen unseres modernen Lebens mit.

Da war die erste Atombombe. Da war die *Enola Gay*, das Flugzeug, das sie auf Hiroshima abwarf. Ein Feldkaplan der amerikanischen Luftwaffe konnte sie im August 1945 mit Gottes Segen auf die Reise schicken, und sein Präsident Harry S. Truman mochte dabei noch eine gute Meinung haben – eine Meinung, die die todgeweihten Japaner in der todgeweihten Stadt als Kollateralschaden verkraften zu können meinte, abzuwägen gegen die künftige Sicherheit der USA. Aber wo bleibt insgesamt, nach Hiroshima und Rotterdam und Coventry und Dresden und den unzähligen Dörfern und Städten in Vietnam, im Irak und im Balkan, noch die gute Meinung, die christlich vertretbare Aktivität des gläubigen Soldaten?

Oder (um in den Wahnsinn unserer alltäglichen zivilisatorischen Normalität zurückzukehren) was sind die Standespflichten einer Werbeagentur für Chlorchemie? Einer Werbeagentur schlechthin? Eines Handelsvertreters in Brasilien, der den Farmern dort deutsche Pestizide mit manipuliertem Verfallsdatum andreht? Wo siedelt der gepflegte Manager, der vor einer christlichen Akademie einen Festvortrag zum Thema »Prinzip Pflicht« hält, seine gute Meinung an, wenn die von ihm produzierten und verkauften Autoflotten garantiert den Klima- und damit den Menschheitsruin beschleunigen? Welches Stoßgebet spricht der Bauer, der wegen politisch gedrückter Agrarpreise das Grundwasser mit Nitrat verseucht, verseuchen muß?

Sie alle sind Lokführer nach Auschwitz

Sie alle können seelisch überhaupt nur existieren, weil sie die völlige Zersplitterung jeglicher Verantwortung als gegeben hinzunehmen gelernt haben – vielmehr gelehrt wurden. Und die setzt sich bis in die völlige Unübersichtlichkeit fort:

Der Pressesprecher eines Konzerns, der Strom aus Atomenergie verkauft, ist Glied einer Verantwortungskette, die bis in die tödlichen Bedingungen des Uranabbaus in entlegenen Weltgegenden, mit zwanzig- bis vierzigtausend jährlichen Opfern zurückführt. Vor dem Mikrophon erklärt er, darüber nichts zu wissen – oder auch, daß es ihn nichts angehe.

Der Importeur von Bananen, der geschickt um möglichst niedrige Preise verhandelt, ist Glied einer Verantwortungskette, die bis in die Sklavenarbeit der United-Fruit-Plantagen und damit in die mörderischen politischen Zustände Zentralamerikas zurückführt. Dies gehe ihn, so erklärt er vor dem Mikrophon, nichts an.

Die Verwalter eines Pensionsfonds, die ihre Anlagefirmen zu möglichst hohen Renditen zwingen, sind Glieder einer Verantwortungskette, die irgendwo in den Schären Alaskas einen analphabetisch bemannten Zweihunderttausendtonnentanker in die Havarie bugsiert; die Rationalisierungen mit Tausenden von Entlassungen auslöst; die das Lohnminimum in den sogenannten Freizonen entlegener Länder drückt – dort, wo die große Rendite gemacht wird. Und auch ihre Kunden, für die sie arbeiten, die dankbaren Empfänger steigender Monatsrenten, hängen an dieser Kette und haben davon keine Ahnung (manchmal schon, aber in der Regel nicht). Die Herren dieser institutionellen Anleger werden praktisch nie vor ein Mikrophon gebeten.

Es geht hier nicht um Schuldgefühle, sondern um Erkenntnis; um die Erkenntnis, daß wir uns nur graduell von dem Lokomotivführer nach Auschwitz unterscheiden: Wir halten uns an unsere Dienstanweisungen, und es geht uns nichts an, welche Todesfrachten wir transportieren.

Aber es geht sicher auch um die Erkenntnis, daß individuelles Sündenbewußtsein und mit ihm die ganze kirchliche Seelsorge von gestern und vorgestern den endzeitlichen Verhältnissen, in denen wir leben, schlicht nicht mehr gewachsen sind – es gibt keine geistlichen Deponien mehr für den Sondermüll unserer Existenz. Keinen Raum mehr für irgendwie wirksame Bußwerke innerhalb dieser Gesellschaft. Alles treibt, wie jeder von uns im Grunde weiß, auf die immer raschere Zersetzung der sozialen Gewebe, auf die immer raschere Zerstörung unserer moralischen und physischen Lebensgrundlagen zu – und auf die Zerstörung der Schöpfung, wie wir sie kennen.

Das »positive Denken«, das noch im Neoliberalismus herumgeistert, hat sich längst von aller Metaphysik abgelöst, klammert alles Überindividuelle und Synergetische aus, wird von traumhaft bezahlten »Motivationstrainern« mit den abgeschmacktesten Werkzeugen der Trivialpsychologie den Werbeagenten, Pharmavertretern, Redakteuren und anderen ratlosen Zeitgenossen eingebimst. Irgendwo tief in ihrem Innern wissen diese durchaus um ihr Auschwitz-Lokführer-Schicksal, würden das aber natürlich nie zugeben, denn da riefe ihnen der Motivationstrainer zu: »Du hockst in einem Hühnerkäfig, aber du bist ein Adler!« (So der Originalton. Ein ganz ähnliches Motivationstraining gibt es übrigens in der katholischen Binnensekte Opus Dei – man lese nur in dem Erbauungsbuch ihres Gründers Escrivá de Balaguer *El Camino* – in der deutschen Übersetzung *Der Weg*.)

Spätestens hier stellt sich natürlich die Frage, was aus den vielen werden soll, aus den »Dutzendmenschen«, aus den nicht ganz so Begabten oder Motivierten oder den Selbstkritischen oder den einfach realistischen armen Teufeln, die sich nie als Adler gefühlt haben und auch gar nicht fühlen wollen. Aber das ist für die Hochmotivierten, die selbsternannten Elitären als die Erben der guten Meinung nebensächlich. An die Motivation von Dienstmädchen, die einst jeden Tag um sechs Uhr in die Frühmesse gingen, um ihr Leben bewältigen zu können, denkt der säkularisierte Seelentrainer ohnehin längst nicht mehr.

Wichtig ist, daß sich jede rein persönliche Motivation (ob sie nun eine christliche oder eine säkularisierte gute Meinung ist) überhaupt nur halten kann, wenn sie die objektiven Zustände, alle ihre Verstrickungen in den kollektiven Selbstmord, mehr oder weniger systematisch ausblendet. Und so lange die Kirchen, getreu den bewährten Methoden der Seelsorge, nur den Individuen gegen die böse Welt beistehen, werden sie an den immer dichteren Verstrickungen, an den stetig verlängerten und verstärkten Ketten der mammonistischen Dienstbarkeit nichts ändern können.

Mit anderen Worten: Die Koexistenz des Christentums mit den Mächten des Totalen Marktes, des Globalkapitalismus, wird zur Existenzfrage. Entweder schließen sich die Kirchen der Logik der Fundamentalisten bzw. ihrer eigenen fundamentalistischen Binnensekten an (was sie aus historischen Gründen wohl gar nicht können), oder sie fragen sich selbst grundsätzlich nach ihrem möglichen Standort und damit nach ihrem möglichen Auftrag in dieser Welt der von struktureller Sünde bestimmten Alternativlosigkeit: Welche Hoffnung, welches Heil ist zu verkünden?

6 Die wahre Lage: Exempel? Exil? Exodus?

In jüngster Zeit tauchen viele, oft sehr alte Bilder auf, mit denen man die Lage der Kirche in der Gegenwart zu beschreiben versucht.

Gemeinsam ist ihnen, daß sie sich alle mit neuer Bescheidenheit abfinden. Und das ist, von außen betrachtet, auch gut so. Verglichen mit den Zuständen der letzten fünfzehnhundert Jahre sieht es wirklich recht schäbig aus für und um die Kirchen. Die Statistiken sind ziemlich unbarmherzig: Die Kurven der Anhänglichkeit, des loyalen Bekenntnisses, der moralischen Folgsamkeit, der Gottesdienstbesuche, insbesondere der Dominikanz und der Dominikanten (soziologesisch für Sonntagskirchgang und Kirchgänger), der Priester- und Ordensberufe weisen alle unerbittlich nach unten; zieht man den Börsenjargon heran, könnte man von einem Dauercrash auf Raten sprechen. Selbst die Inanspruchnahme der Kirchen für die sogenannten *rites of passage*, die Feier markanter Lebensabschnitte (Geburt, Selbständigkeit, Heirat, Tod), nimmt ständig ab. Was seit den zwanziger Jahren des letzten Jahrhunderts zugenommen hat, ist der Aktivismus von Kerngemeinden, ohne den die gegenwärtige Krise überhaupt nicht zu bewältigen wäre (darüber wird noch zu sprechen sein). Aber gerade diese Aktivisten sind störrisch – doch oft sind sie es schon nicht mehr, sondern folgen schlicht dem, was sie, zu Recht oder zu Unrecht, für die souveräne Entscheidung ihres eigenen Gewissens halten. Die pastorale Praxis wird dementsprechend immer milder und schonender, Sanktionen gibt es zwar noch (oft autoritär und willkürlich genug), sie schweben aber meist wie Schemen einer heroisch-inquisitorischen Vergangenheit über den kühlen weiten Wassern der Indifferenz. Betrachten wir's nüchtern: Der Großteil der statistischen Verluste geht nicht auf erhöhte Selbständigkeit der Gläubigen, auf ihren Ausgang aus der selbstverschuldeten Unmündigkeit, sondern auf die höchst erfolgreiche Seelsorge des Totalen Marktes zurück.

Der Klerus befindet sich dabei in einer besonders prekären Lage zwischen Aufmüpfigkeit und den Versuchungen des Konsumismus, zunehmender Arbeitslast und abnehmender gesellschaftlicher Anerkennung. Die Skandälchen, die ab und an in der Öffentlichkeit hochkochen, dürften sich von denen vergangener Jahrhunderte kaum unterscheiden, wäre da nicht die reißerische Allgegenwart der Medien; aber eben durch sie erlangen sie den Charakter einer ständigen Katastrophenmeldung.

Was tun in solcher Lage?

Wie sich orientieren? Was sich zunächst anbietet, ist der schmerzlich-sanfte Entschluß zur kleinen Herde: Man ziehe sich aus dem bröckelnden, leeren Hauptschiff der Kathedrale in die Seitenkapellen zurück, wo der Wind der Moderne noch nicht durchheult, wo noch Opferlichtlein vor den alten Bildnissen blinken und wo man den trostlosen Zustand des Planeten in der Wärme der mehr oder weniger unkomplizierten kleinen Gemeinde vergessen kann, bis der Herr wiederkommt.

Die Tendenz ist da, und die kleinen Gemeinden auch: Opus Dei, Neokatechumenat, Evangelikale, Mariengemeinschaften, Abstruseres bis hinab zu so zweifelhaften Randerscheinungen wie dem Engelwerk, orthodoxen Nationalismen und Feindbildern. Sie bieten Nestwärme an, ihre jeweils eigene Art der inneren Verständigung, aber eben auch das, was die vielen Sekten und Freikirchen grundsätzlich vom großen Corpus Christianorum, den historischen Kirchen, unterscheidet: den mehr oder weniger paranoiden Trost des Hermetismus, der Abgeschlossenheit, der zwingend nicht nur ein Elitegefühl, sondern eine eigene Logik entwickelt. (Es ist nicht verwunderlich, daß in der abnehmenden Schar der Priesterstudenten der Prozentsatz an Kandidaten aus diesen Zirkeln und Bruderschaften stetig zunimmt.)

In einer Zeit des Hinterfragens, der Skepsis, des Synkretismus bieten sich diese Gemeinden und Zirkel besorgten Oberhirten als treue und problemfreie Kernschar an, mit der man einen zeitlosen Auftrag bis zur Stunde der Wiederkunft durchziehen kann.

Dieser Weg wäre todesgefährlich – für die Kirchen und für die Welt.

Zunächst würde dieser Weg die Verantwortung für die Welt als Ganzes von vornherein verweigern. Er geriete selbst in die Engführung des Sektierertums hinein – in die Versuchung der geschlossenen Erlösungskreisläufe, welche die vielen draußen vor der Kapelle höchstens als jeweils einzelne Zielobjekte der Missionierung erkennen und anerkennen kann.

Er würde das offensichtliche Unheil der Welt und in der Welt – und als krönendes Unheil die künftige Unbewohnbarkeit des Planeten – völlig von der sogenannten Heilsgeschichte abtrennen, würde diese zu jenem Arkanum, jenem Geheimnis der innersten Herzenskammer machen, das durch alle Fahrpläne des Totalen Marktes, durch alle Immobilienspekulationen und Machtspiele und Statuskonsumorgien hindurch das köstliche Wissen um die eigene Erwähltheit, höchstens noch eine gewisse Ängstlichkeit bezüglich der eigenen Engführung in Sachen Beichtspiegel hegt. (Ohnehin wird in diesen innerkirchlichen Sektenkapellen nie der Enthusiasmus und die Gelöstheit der »exotischen« Freikirchen entstehen.) Die »gehobenen« Binnensekten werden, nicht ohne Versuche des Mitmischens im höheren Kulturbetrieb, ihren Elitismus von der Hierarchie bestätigt sehen; die demütigeren Zirkel, etwa jene, die sich um marianische Sondermythen ballen, werden hartnäckige Anhänglichkeit an ihre Eigentheologie noch unbedingter für den einzig sicheren Gnadenweg halten.

Aber das ist natürlich alles nebensächlich. Entscheidend ist, daß sich die Kirchen der Christenheit der Mitverantwortung für den Aufstieg des neuen Mammonismus und damit für das mögliche Ende der Zivilisation nicht entziehen können, ohne ihr eigenes Wesen, ihre eigene Geschichte und Berufung zu verraten.

Um der unausweichlichen Verantwortung gerecht zu werden, müssen sie sich zunächst fragen, in welcher Beziehung sie zur Alternativlosigkeit des Totalen Marktes – mit anderen Worten: zum herrschenden Weltbetrieb – stehen. Wie läßt sich diese Beziehung beschreiben und, wenn möglich, definieren?

Das Dilemma der eingelösten Ideale

Es gibt ein ganzes Panorama solcher Beschreibungen, und es ist wohl sinnvoll, mit einer ziemlich überraschenden, da sehr friedlichen zu beginnen. Sie stammt von dem Benediktiner Elmar Salmann, der in Rom an der Gregoriana, der päpstlichen Hochschule, doziert, und wurde im April 2000 in einer sozialdemokratisch geführten Zeitschrift veröffentlicht. Sie handelt von der »Dialektik eingelöster Ideale« und glaubt durchaus vitale Parallelen zwischen den Kirchen und der Sozialdemokratie feststellen zu können.

Beide, so führt Salmann aus, leiden unter der allgemeinen Diffusion ihrer zivilisatorischen Leistung: »Seit die gesamte zivilisierte Welt sozialdemokratisch denkt, fühlt, handelt, entscheidet, ist eine Partei, die diesen Namen trägt, überflüssig geworden – oder austauschbar... Und wird man etwas Vergleichbares nicht auch vom Christentum sagen können? Alle

Welt hängt irgendwie christlichen Werten an, ist offen, menschenfreundlich, dem humanen Handeln Christi zumindest nicht abgeneigt...« Was braucht es da, so fragt Salmann rhetorisch, noch eine verfaßte sozialdemokratische Partei? Oder auch, in gleichem Dilemma, noch mehr »Kirchen, Dogmen, Predigten, Wahrheiten«?

Nun, er meint es wirklich nur rhetorisch. Was er letzten Endes von der Sozialdemokratie fordert, ist eine neue Offenheit, eine »Kunst... der Wahrnehmung dessen, was unmöglich scheint, des Unerhörten eben...«. Und sie hätte, so der Autor, die schwere Aufgabe zu übernehmen, die Gesellschaft in die »Endlichkeit und Bedingtheit einzuweisen«. Kritisch wäre die Aufblähung der Menschenrechtsforderungen zu prüfen, die damit verbundene Verrechtlichung der Politik und die Politisierung des Rechts; kritisch zu prüfen der uferlose Glaube an das Machbare, an utopische Glücksverheißungen. Aber: »Kann Politik hier etwas ausrichten, ohne auf die Hilfe der Religion zu bauen?« Hier sei, so meint er, die klassische Nahtstelle von Politik und Religion.

»Aber wie steht es nun mit der Kirche?« Wieder scheint es, daß sie in den letzten Jahrzehnten ein der SPD vergleichbares Geschick erlebt hat: »... überflüssig zu sein durch Erfüllung all ihrer Ansprüche, einen Gang von Auf und Ab, von Glanz und Verachtung, von Dominanz und Irrelevanz...« Sie befindet sich jedenfalls in einem schmerzhaften Übergang »von einer sakralen Volks- und Milieukirche zur Minderheitengemeinschaft«, und da macht sie keineswegs eine gute Figur. »Sie lamentiert über die Konsum-, die Freizeit-, die kapitalistische Geldgesellschaft... Wie nun, wenn sie dergleichen pseudodogmatische Ansprüche aufgäbe, sich als eine Stimme im Chor der Beiträge verstünde...?« Und: »Mehr als ein fragender, das Vergessene behutsam einklagender, ermutigender Gesprächspartner wird die Kirche... nicht sein können; je mehr sie dabei aus ihrer eigenen Tradition, ihrem unvordenklichen Schatz an Erfahrung und Kultur, an Einsichten, Glaubensmöglichkeiten und Motiven schöpft, desto glaubwürdiger wird ihre Stimme sein.«

Das ist eine erstaunliche Analyse – und es sind erstaunliche Vorschläge. Zunächst waltet da eine Weltsicht, die sich doch sehr aufs Regionale beschränkt, eine Art EU-Panorama (»Den Kapitalisten sieht man im Freizeitlook, den Gewerkschaftsmann in Armani, alle spekulieren an der Börse und frühstücken sonntags im Trainingsanzug, haben eher zwei Hunde als ein Kind ...«). Man wird das Gefühl nicht los, daß die afrikanische Mutter, die mit ihrem verhungernden Baby über endlose Dürren stolpert, Genaueres über die Welt weiß als dieser bestimmt sehr umgängliche Benediktinerpater. Sicher, er versäumt nicht, auf das innere Elend anzuspielen, das sich hinter dieser TV-Serienwelt auftun kann; aber das innere Elend der Reichen ist für die, sagen wir, weniger Reichen ein Gegenstand des Hohns, und zwar zu Recht. Würde er unter »Einweisung in die Endlichkeit und Bedingtheit« eine Option für souveräne Selbstbeschränkung, darüber hinaus eine politisch-gesellschaftliche Besinnung auf den sozialen und biosphärischen Verwüstungszusammenhang verstehen, wäre sein analytischer Ausgangspunkt, die Verchristlichung und Sozialdemokratisierung aller Welt, als zynische Camouflage entlarvt – und danach klingt dieser Beitrag nun gar nicht. So sympathisch die Rolle des weisen Onkels auch scheinen mag, der dem fixen sozialdemokratischen Programmierer über die Schulter blickt, diese oder jene Absurdität auf dem Bildschirm kommentiert und möglichst pädagogisch Korrekturen vorschlägt – es kann nichts aus ihr werden, aus Gründen der Wirklichkeit.

Stärkere, unbarmherzigere Bilder des tatsächlichen Zustandes der christlichen Kirchen in dieser Welt drängen sich auf, die teilweise auf Augustinus zurückgehen, sein Bild von der *peregrinatio per impios*, der Wanderschaft durch die Wüste des Unglaubens. Und damit werden sofort alttestamentarische Vor- und Urbilder heraufbeschworen.

Da ist erstens das Bild des babylonischen Exils: das Volk, das an den Wassern des Zweistromlandes sitzt, das seine Harfen in die Weiden gehängt hat und weint. Die Teile der Bibel, die in und von diesem Exil handeln, sind ziemlich differenziert: zwar weint das Volk um die ferne Heimat, aber hier, im Großreich, geht es ihm im ganzen gesehen nicht schlecht. Es gibt offensichtlich Privilegierte, die Jüdin Susanna badet in einem Teich unter Bäumen, der wohl in einem Privatpark liegt, und der Traumdeuter Daniel hat das Ohr des Großkönigs, kann aufklärend gegen die Deutungsmacht der Tempelpriester wirken. Gelegentlich bricht herrscherliche Willkür über die kognitive Minderheit herein, die drei widerständigen Jünglinge müssen in den Feuerofen, Daniel muß in die Löwengrube, die Gnade Gottes behütet sie. Aber die Minderheit als Ganzes erhält sich, bleibt resistent, bewahrt sich für den Tag der Heimkehr, der dann unter dem persischen Großkönig anbricht.

Das ist, ins Grundsätzliche erhöht, nicht weit weg von Salmanns Kohabitationspanorama. Ganz anders ist es jedoch in einem entscheidenden Punkt: Die kognitive Minderheit weiß, daß sie ihrer eigentlichen Heimat beraubt ist. Und sie weiß, daß die Verhältnisse *als Ganzes* nicht stimmen. Am besten zeigt sich das in einer Daniel-Episode: Der Großkönig Nabuchodonosor hat einen bösen Traum von einer Riesenstatue, deren Kopf aus Gold und nach unten hin aus immer ärmlicheren Materialien geformt ist, bis hinunter zu den Füßen aus Ton. Das Standbild (Daniel deutet es als das gegenwärtige goldene und viele folgende Reiche von abnehmender Qualität) wird schließlich von einem herabrollenden Stein getroffen, der die tönernen Füße zerschmettert und so die Ikone der Macht zu Fall bringt – ein Bild, das in den Sprach- und Gedankenschatz der Menschheit eingegangen ist: Israel hütet den Kern seiner Verheißungen, weiß sich in der Fremde, pflegt vorsichtig den Umgang mit der es umgebenden Kultur – und wartet auf den Stein von außen und oben, der die Baalsherrschaft, die Alternativlosigkeit des Nabuchodonosor beendet. (Die Erinnerung an diese Zeit, verbunden mit der spätjüdischen Apokalyptik, wird als die endzeitliche Hure Babylon in die Offenbarung des Johannes eingehen.)

Aufbruch in die Wüste

Und da ist das andere Bild, gewaltiger in der Erinnerung: der ursprüngliche Auszug, der Exodus. Er ist der Mittelpunkt jüdischer Theologie und Liturgie überhaupt, der erste große Bund, die ewige, oft genug tadelnde Erinnerung: »Ich bin der Herr dein Gott, der dich aus dem Lande Mizraim geführt hat...« Und dieser Bund hat durch die Jahrtausende den Dissidenten, den Rebellierern gegen geistliche und weltliche Despotie als die große Urkunde ihres Rechts, ihrer Aktion, ihres Auszugs aus den alten Verhältnissen gedient (mehr als irgendwo anders auf dem Boden der USA, wie wir sahen).

Kann eines der beiden Modelle, oder vielleicht beide, als Ausdeutung unserer heutigen Problematik dienlich, von Nutzen sein?

Das Exil der kognitiven Minderheit

Zunächst erscheint das Bild des Exils als fruchtbarer, weil unserer Realität genauer entsprechend. Es geht uns (in den wohlhabenden Ländern) passabel, ja, man kann sagen, es geht uns recht gut. Kein bekennender Katholik, Protestant, Orthodoxer, Freikirchler ist im öffentlichen Leben behindert oder benachteiligt, sei es politisch oder ökonomisch, und manche fromme und reiche Susanna hat ihren Swimmingpool in bester Wohnlage. Aber jeder und jede trägt, so oder so, die Last der

»kognitiven Minderheit«. Und mit dieser Last trägt man den Schmerz der verlorenen Heimat, vielleicht der christlichen Zeiten, die einst (wie Gottfried Benn seufzte) das verlorene Ich umschlossen, während wir heute im Bann der alternativlosen Reichsreligion stehen.

Die Erlösung wird im Traum des Nabuchodonosor vorgebildet: Sie kommt als ganz neues Ereignis von außen und oben, und das Ereignis zielt folgerichtig auf die tönernen Füße des Mammons. Darauf also müssen wir, wenn das Bild des Exils wirklich trägt, an den Wassern Babylons harren, die Harfen nicht nur in Trauer, sondern auch in Erwartung des kommenden Jubels an die Zweige der Uferweiden gehängt.

Nun, auch an diesem Bild stört einiges.

Da ist zunächst das Bildnis der trauernden Hoffnung selbst. Es ist die alte Heimat, vermutlich verklärt wie bei allen Vertriebenen. Gewiß, christlich gewendet weist diese Hoffnung auch in die Zukunft – aber in den gemeinsamen, historisch geprägten Gemütsschichten überwiegt doch die Nostalgie, wohl die Sehnsucht nach einem christlichen Abendland oder wie immer sich dies nennen läßt. Bis dahin lebt man recht und schlecht mit den babylonischen Weltkindern zusammen. Für die ist man ein bißchen sonderbar, aber die christlichen Marotten sind verzeihlich, solange man nicht missionarisch belästigt wird. Von einem Antlitz, einer Gestalt, die herausfordert, ist nichts mehr zu bemerken.

Vor allem aber: Das verheißene Ereignis von außen und oben verlangt nichts weiter als geduldiges Harren; zu eigener Tat, eigener Leistung ruft es nicht auf. Zudem – und das ist das eigentlich und endgültig Entscheidende –: Dieser Stein wird nicht nur den Götzen zerschmettern, sondern uns alle. Die *Apocalypse now* wäre zwingend und alternativlos der kollektive Selbstmord, induziert durch die Logik des Imperiums selbst, der nicht beizukommen ist. Ein Verantwortungszusammenhang bleibt uns erspart.

Ganz anders das Modell Exodus.

Irgendwann in der patriarchalischen Vorzeit war es nicht zwingend angesagt, im Gegenteil. Joseph, der Sohn Jakobs, war Großwesir des Pharaos; er arbeitete rücksichtslos an der Aufrichtung der totalen Despotie, und seiner Verwandtschaft teilte er fruchtbares Land zu. Aber das ist nun lange her, der neue Pharao weiß nichts mehr von Joseph, und er fürchtet die demographische Entwicklung Israels. Es kommt zu absoluter Feindseligkeit, zu immer drückenderer Zwangsarbeit – und schließlich zum Genozid an den verabscheuten Semiten. Da ereignet sich, unter der Vermittlung des Mose, der entscheidende Bund, die entscheidende Krise; die kommt zwar durch den Ruf des Gottes von außen und oben, aber dieser Ruf verlangt rasche, fast hektische, aber gründliche Planung. Der vorgesehene Genozid an Israel wird zum Massaker an den Ägyptern; der Auszug ins Ungewisse ist Sache des Volkes, und erst dieser durchgeführte Entschluß wird wiederum besiegelt durch Gottes wundersames Eingreifen im Schilfmeer, durch den Untergang der hocharmierten Strafexpedition.

Insgesamt ist der Exodus eine entschiedene Absage an die sklavischen, aber seßhaften Verhältnisse des Nildespotismus, er ist aber auch die Übernahme eines gewaltigen Risikos, das sich dann in der vierzigjährigen Wüstenwanderung offenbart und das immer wieder zu Rückfällen, ja zur trügerischen Verklärung der alten Existenz führt: zur Sehnsucht nach den »Fleischtöpfen Ägyptens«. Es ist (scheinbar) oft nur die Standhaftigkeit des Mose, der die Stämme in die Verheißung eines Gelobten Landes zurückzwingt.

Auf den ersten Blick weist dieses Exodusmodell noch weniger Parallelen zu unserer Situation im Reichspantheon auf als das babylonische Exil. Wir sitzen an den Fleischtöpfen, und niemand, so scheint es, will uns unterdrücken, im Gegenteil: Seit anno 1989 ist die letzte große Drohung dieser Art mit

Mann und Roß und Wagen im Schilfmeer der eigenen Widersprüche untergegangen.

Zudem waren die Ägypter und die unterdrückten Beduinenstämme durch klare rassistische und kulturelle Mauern getrennt. Ihre Logiken konnten sich gar nicht reimen. Die mehr oder weniger gewaltsame physische Trennung bot sich als einzige Lösung an und wurde als solche vom Gott des Bundes angeordnet.

Aber gerade deshalb scheint das Urbild des Exodus heute für die Kirchen fruchtbarer zu sein als das des nostalgischen Exils. Die erstickende Umarmung eines völlig alternativlosen Despotismus, der die Existenz des Volkes, aller Völker, Schritt für Schritt untergräbt, ruft zum Widerstand auf, und zwar zu einem Widerstand, der es sich nicht leisten kann, höfliche Verkehrsformen mit der überherrschenden Kultur beizubehalten. Folgen die Kirchen der Christenheit dem jesuanischen Auftrag der absoluten Parteilichkeit für die Armen – einer Parteilichkeit, die hier und heute auch die für die geschundene Erde einschließt –, nehmen sie wahr (und handeln sie danach), daß Seelenheil und Schöpfungsheil nicht voneinander zu trennen sind, richten sie ihre Seelsorge und ihre Pädagogik, ihr öffentliches Wirken in der Welt, auch und gerade in unserer Weltgegend des scheinbaren Wohlstands auf diese Leuchttürme aus, dann wird es mit der Indifferenz der Weltkinder gegenüber den Kirchen sehr rasch zu Ende sein.

Aber welches sind die Kriterien dafür, welche Kirchen oder Christentümer diese gewaltige Aufgabe in Angriff nehmen können?

7 Kriterien der Befähigung

Hier ist also der Ort, um zu fragen, welcher besonderen Kriterien es bedarf, um die Zukunftsfähigkeit, d. h. die Befähigung einer Kirche zum Widerstand gegen das Imperium, gegen die Vorbereitung des kollektiven Selbstmords, zu erweisen.

Eines ist offensichtlich: Moralische oder Frömmigkeitskriterien im herkömmlichen Sinne genügen da nicht. Worum es geht, ist die Fähigkeit, mit vollem universalhistorischem (und das heißt auch erdgeschichtlichem) Verständnis auf die globale Gefahr einzugehen.

Es geht auch nicht um strenge Grenzziehungen zwischen »Kirchentypen«, im Gegenteil, eine solche Grenzziehung ist gar nicht wünschbar. Es geht um Kriterien, die ein Urteil darüber erlauben, ob eine kirchliche Gemeinschaft zur echten und voll bewußten Konfrontation mit dem Imperium, mit seinen Zurüstungen zum kollektiven Selbstmord fähig und bereit sein könnte und sollte.

Zwei solcher Kriterien sind erkennbar – und zwingend. Sie betreffen Weltbewußtsein und Welthaltigkeit im weitesten Sinne.

Spiritueller Reichtum: das Ja zur Evolution

Das erste Kriterium ist das Ja zur Evolution, die Abwendung vom kleinlichen Kreatianismus.

Es hat lange genug gedauert, bis dieses Ja ausgesprochen werden konnte. Der liberale Protestantismus ging logischerweise voran; Rom hat vor wenigen Jahren offiziell den differenzierten Darwinismus als Entwicklungserklärung freigegeben, und die östliche Orthodoxie hat unseres Wissens nicht widersprochen.

Den Kirchen, die seit Jahrhunderten mit der allgemeinen Geistesgeschichte verbunden sind, blieb auch gar nichts anderes übrig. Aber es lohnt sich in unserem Zusammenhang, über die Folgen, noch besser: über die freigelegten Möglichkeiten, etwas nachzudenken.

Für jede denkbare Spiritualität des 21. Jahrhunderts war diese Freigabe ein Muß. Kindliche Seelen mag es entzücken, sich einen lieben Gott vorzustellen, der jedes Nashorn, jede Dattelpalme und jeden Indianer einzeln schnitzt, bemalt und dann in die Sandkiste stellt, und man sollte diese poetischen Bilder auch gar nicht schlechtmachen. Aber wenn erwachsene Menschen sich an dergleichen klammern, wenn sie Expeditionen ausrüsten, um die Arche Noah auf dem Ararat auszubuddeln, wenn sie die gewaltige narrative Kraft der ersten Bibelkapitel als Reportage betrachten, welche »Tatsachen« quasi detektivisch protokolliert, und diese »Tatsachen« zur Bekenntnissache machen – dann ist nicht Gegnerschaft, dann ist zunächst nur Mitleid am Platze.

Nein, doch mehr als Mitleid – Wachsamkeit ist indiziert, wenn man die Folgen für die mögliche Rolle und den möglichen Auftrag des Christentums in dieser Welt bedenkt. Jedweder Fundamentalismus dieser Art, mag er unsere persönliche Haustür auch meiden, schwächt insgesamt die kollektive Bereitschaft, sich den biosphärischen Gefahren zu stellen, indem er sie relativiert, gleichsam in die zweite Heilsliga abschiebt. Die Menschheitsklasse bringt dann die von oben angeordneten Schulstunden mit mehr oder weniger gutem Betragen hinter sich, wartet auf die Klingel, die sie entweder ins Paradies der wahren Gotteswelt entläßt oder zu einigem Nachsitzen nötigt.

Die praktische Nähe solcher Fundamentalinfantilismen zur Weltausbeutungspraxis des Totalen Marktes wurde bereits besprochen: Wie die Erdenwelt im Augenblick der Entrückung – *in case of rapture* – oder sonst eines jähen, von außen und oben verhängten Abbruchs aussehen wird, ist dann ziemlich egal.

Ganz anders stellt sich unsere Verantwortung dar, wenn wir die Panoramen und Abläufe der Evolution bejahen. Im selben Augenblick bejahen wir nämlich auch, daß die Schöpfung nicht abgeschlossen, daß sie vielmehr noch immer im Gange ist und daß wir von ihr Geformte wie auch an ihr Mitwirkende sind. (Das Kennwort des sogenannten konziliaren Prozesses, die Dreiheit *Friede, Gerechtigkeit und Bewahrung der Schöpfung,* postuliert diesen Zusammenhang, wenn er auch ein entscheidendes Hauptwort nicht ganz korrekt formuliert: *Wirkende Begleitung* käme der vollen Wahrheit näher als *Bewahrung.*)

Dieser Schöpfungsprozeß, der in seiner ganzen Fülle nicht übersehbar ist, verläuft laut jüngster Erkenntnis nach dem wunderbar tautologischen Satz: »Es ist wahrscheinlich, daß das Wahrscheinlichere geschieht.« Seit den allerersten Differenzierungsvorgängen (lassen wir das Wort »Urknall« als Behelf stehen) tastet sich, testet sich die Schöpfung voran, erprobt die von verschiedenen »Attraktoren« angebotenen Möglichkeiten, läßt sie durch ein Verfahren der Nachhaltigkeit laufen, das sozusagen auf der nächsten Ebene neue Formen der glückenden und geglückten Komplexität bestätigt (»Und Gott sah, daß es gut war.«). Dieser Gang der Schöpfung setzt Gemächlichkeit – und Vielfalt – als Prinzipien voraus. Bildhaft-kraftvoller liest sich dieser Schöpfungsplan bei Thomas von Aquin:

> Gottes Gutsein kann nicht in einer einzigen Kreatur genugsam dargestellt werden; und so brachte er viele und vielfältige Geschöpfe hervor – so daß das, was in einem davon nicht an Gottes Gutsein aufscheine, von einem andern ergänzt werde. Das Gute, das in Gott einfach und einförmig ist, ist vielfältig und aufgeteilt in den Geschöpfen; und so nimmt das ganze Universum um so vollkommener an Gottes Gutsein teil…

Schöpfung und Jüngster Tag

Dies ist Einsicht in eine Schöpfung, deren ständiges Flußgleichgewicht, deren wildes oder sanftes, in jedem Fall unwiderstehliches Wirken den Menschen in die Brüderlichkeit und Schwesterlichkeit alles Werdenden und Gewordenen einbindet, in eine gegenwärtige Vergangenheit und eine Gegenwart, durch die Vergangenheit in die Zukunft strömt: Dimensionen der Ewigkeit werden sichtbar, die uralte Streitfrage »Vorbestimmung oder Eigenleistung zum Heil?« wird in einer Ewigkeit aufgehoben, die kein ständig rinnendes Zeitgeschehen ist, sondern die Zeit überwölbt. Doch darüber hinaus ergibt sich ein weiterer zwingender Schluß: Strömt die Schöpfung insgesamt in ein Flußgleichgewicht ein und in ihm fort, verliert auch der Jüngste Tag seinen fundamentalistischen Event-Charakter. Er wird ebenfalls in einen Prozeß überführt, der letzten Endes in dem Satz zusammenzufassen ist:

*Der Jüngste Tag findet jeden Tag statt.**

Dies schmälert unsere Verantwortung nicht, im Gegenteil: Es macht sie auf bestürzende Weise präsent. Die Menschheit steht nun vielmehr als stetig wirkend (und damit verantwortlich) in der spannenden Pendelbewegung zwischen Bewährung und Gericht. Jede andere Interpretation des Heilsgeschehens würde wieder zur Aufsplitterung von Erd-, Welt- und Heilsgeschichte führen, zurück zu einem letzten Endes fundamentalistischen Schema.

Schlagartig erhellt sich, von solcher Einsicht bestrahlt, das Verhängnis, das kurzsichtiger Opportunismus, zum Wir-

* Den Satz hörte ich im Abstand weniger Wochen von einem dezidiert agnostischen Biologen – und vom mystischen Wandersmann Raymon Pandikkar.
Viel später erfuhr ich, daß ihn Franz Kafka formuliert hat.

kungsprinzip des globalen Fortschritts erhoben, innerhalb dieser Schöpfungsvorgänge bedeutet. Eine Menschheit, die den Weltstoff in seiner lebendigen Vielfalt monokausal, d. h. mit einer einzigen, meist sehr einfältigen Absicht, bearbeitet, plündert, dezimiert, entstellt; die großartige Wirkkräfte, die sie keineswegs voll versteht, zum Zerkleinern von Steinen und zum Erhitzen von Wasser verwendet; die in schrecklicher Kindlichkeit davon ausgeht, daß uns nach der Erschöpfung immer breiterer Ressourcenbasen schon irgendwie etwas Brillantes einfallen wird – eine solche Menschheit kann schlichtweg nicht von sich behaupten, auf der Höhe ihres evolutionären Auftrags zu stehen. Und damit ist sie – hier und heute, im gegenwärtigen Zusammenhang zwischen Schöpfung und Schöpfungsbegleitung – gerichtet. Was nicht bedeutet, daß dieses Urteil endgültig bleiben muß, wenn Umkehr sichtbar wirksam wird. Dies ist der Sinn des Verweises auf die Zukunft des Gerichts, dadurch verbleibt unreduzierbare Hoffnung.

Was dies den Kirchen im Pantheon auferlegt, ist klar. Auf die Praxis werden wir zu sprechen kommen; was die Verkündigung des Heils, die Interpretation der Heilsgeschichte und ihres Zusammenhangs mit der Evolution betrifft, so haben sie unbedingt, alternativlos gegen die Alternativlosigkeit Mammons zu stehen, welche der Vielfalt und Gemächlichkeit der Evolution den monomanen Drang nach Tempo und Rendite zum tödlichen Zusammenprall entgegenrasen läßt.

Das zweite Kriterium, scheinbar auf einem völlig anderen Gebiet, ist die Haltung einer Kirche oder einer christlichen Glaubensgemeinschaft zur Mission.

Mission als Verteidigung der Allmende

Zwei wesentliche Epochen der Missionierung, beide im Gefolge kolonialistischer Expansion, waren besonders erfolgreich: die erste unmittelbar nach den großen Entdeckungen, die zweite im 19. Jahrhundert. Sie unterschieden sich beträchtlich voneinander; aber sie hatten eines gemeinsam: die Überzeugung von der absoluten Heillosigkeit der aufgesuchten Völker, meist auch die Überzeugung von ihrer kulturellen Minderwertigkeit. Auf fatale Weise glich dieses stürmische Vorgehen unserer imperialistischen Befassung mit der Biosphäre: Wirkungsweisen, die uns Euro-Atlantikern nicht bekannt oder nicht geläufig sind, kulturelle wie organische, werden als Hindernisse empfunden oder einfach ignoriert. Die Akkulturationen, die bei den großen Völkertaufen des ausgehenden Altertums und des beginnenden Mittelalters mehr oder weniger erfolgreich stattfanden, waren kein Vorbild mehr; irgendwie waren künftige Christenheiten nur als Abziehbilder der europäischen vorstellbar. Selbst dort, wo kühne Pioniere wie etwa die Jesuiten des 16. und 17. Jahrhunderts, dem alten Schema der Völkerbekehrung von oben folgend, tiefer in Kulturen wie die Chinas oder Japans eindrangen, wurden sie entweder zurückgepfiffen oder blieben trotz allem den hellenistischen Mustern des europäischen Denkerbes verhaftet.

Das war schon deshalb kaum zu vermeiden, weil der weltweite Vorstoß des Christentums der Neuzeit nicht nur logistisch mit dem weißen Imperialismus verbunden war. Diese Verbundenheit scheint im 19. und beginnenden 20. Jahrhundert die missionierenden Kirchen weniger gestört zu haben als in der ersten Welle. Jedenfalls sind Konflikte wie die um die von den Jesuiten errichteten Indianerstaaten am Paraguay, die schließlich zum Verbot des Ordens führten, oder die Zusammenstöße des gleichen Ordens mit den hugenottischen Pelzhandelshäusern in Kanada später nicht mehr bekannt geworden.

In diesen ersten Jahrhunderten der imperialistischen Expansion wurden die Samenkörner der Erfahrung gestreut, die in der zweiten Hälfte des 20. Jahrhunderts die alten Kirchen zur (fast) völligen Aufgabe der Mission als eines kulturpolitischen

Exports weißer Werte führte. (Nur als Stichwort sei hier Bartolomé de las Casas erwähnt.)

Doch allzulang blieb christliche Missionierung an die Logistik des weißen Expansionismus gebunden, so daß erst der rapide Zerfall der Kolonialreiche die notwendige breite Reflexion freisetzte.

Typen der Missionierung

Sie ist noch lange nicht zu Ende. Aber es läßt sich feststellen, daß es heute zwei scharf voneinander unterscheidbare Typen der Missionierung gibt: Die eine, frisch-fröhlich in der Verbreitung gottesfürchtiger weißer Lebensstile, kann in den von ihr angetroffenen Heidentümern wenig mehr erblicken als das Werk des altbösen Feindes, dem es diese armen Braunen oder Gelben oder Schwarzen zu entreißen gilt; und sie begreift selbstverständlich nicht, daß sie damit der globalen Verbreitung der mammonistischen Reichsreligion geradewegs in die Hände spielt.*

Diese Missionierung wird in erster Linie von US-amerikanischen Freikirchen betrieben; sie ist, weil hoch motiviert und finanziell gut ausgestattet, erfolgreich genug. Es gibt in den Andenstaaten Regionen, in denen die Indios schon zwischen *cristianos* und *católicos* unterscheiden.

Der andere, völlig entgegengesetzte Typus der zeitgenössischen Mission, mehr oder weniger betreut oder vertreten von den alten Kirchen (einschließlich der Anglikaner/Episkopalianer, auch von Teilen der Presbyterianer), begreift sich immer mehr als Sachwalterin der noch vorhandenen nichtökonomistischen Kulturen, vor allem der traditionellen Gesellschaften,

* Die Religion der Waldstämme am oberen Amazonas kennt »Hüter« – Geister für die verschiedenen Lebensmittel und Produktionszeiten; Christus hat sie integriert als den »Hüter« der weißen Importgüter.

wobei religiöser Synkretismus durchaus in Kauf genommen, wenn nicht ermutigt wird: Der Altar der Maisgöttin, so hört man, steht auf dem Vorplatz der Kathedrale von Guatemala.

Worum es diesem Missionstypus geht, ist die Erhaltung eines Stücks Menschheitsallmende, einer kulturellen, ja einer spirituellen Biodiversität, die genauso wie die Diversität der Arten den mahlenden Kiefern des Tiers aus der Tiefe zum Opfer zu fallen droht. Die traditionellen Kulturen und Gesellschaften, um die es dabei geht, sind ebenso zäh wie verwundbar; sie leiden stumm, sie kämpfen (oder kämpften) selbst kaum um die Reste ihres Selbstbewußtseins – und ihre mörderischen Unterdrücker wissen deshalb genau, was es für eine Gefahr bedeutet, wenn Missionare oder missionierende Befreiungspioniere eine Radioschule für indianische Analphabeten einrichten: Die problemlose Vernichtung einer ethnischen Existenz, eines ethnischen Gedankens Gottes, wird behindert, wird von staatsfeindlichen Marxisten (denn wer sonst könnte dergleichen betreiben?) in Frage gestellt.

Dieser Typus der Mission weitet sich global aus, theologisch wie praktisch hat er bereits alle Erdteile erfaßt – und er steht unter dem Zeichen der »Option für die Armen«. Gelassen spricht das Aloysius Pieris aus, ein Priester, der in Sri Lanka seit langem einen Aschram leitet: »Die Armen Asiens, Hunderte von Millionen, haben mit Jesus von Nazaret kein Problem.«

Heilige Zentralbüros werden darob vielleicht erschauern. Aber ihre Sorgen sind nicht die unseren – jedenfalls vorläufig nicht. Worum es jetzt, in dieser Weltminute, geht, liegt auf der Hand; wiederholen wir: Es geht um die Fähigkeit – die geistige, geistliche und strukturelle –, der Reichsreligion des kollektiven Selbstmords glaubhaft entgegenzutreten.

Im Wege steht dem die alte Kleiderordnung – im weitesten Sinne.

Im Wege stehen die Arrangements seit 312.

Im Wege steht die anämische Innerlichkeit der letzten zwei Jahrhunderte.

Und im Wege steht natürlich auch die Angst um den letzten Amarillo-Mexikaner.

Was aber geschieht, wenn sich die Kirchen nicht auf die Schrift an der Wand einlassen?

Die Unentbehrlichkeit des Zweifels

Was geschieht mit ihrer Weltbedeutung, was mit der Pflicht, die aus ihrer Rolle in der Vergangenheit, ihrer eindeutigen und unbestreitbaren Mitgestaltung der modernen Welt und damit ihrer Mitverantwortung erwächst?

Sicher, da ist der Zweifel. Er ist aber schon da, seit der alte Glaube der Wortwörtlichkeit nicht mehr möglich ist. Es gibt im Grunde keinen Theologen oder Philosophen seit den Kirchenvätern, der nicht mit dem Zweifel zu Tische saß oder sitzt – und man sollte aufhören, ihn als Negativum zu behandeln, als etwas, was man unter den Teppich kehrt, unter den Spiegel unserer seelischen Meere (und Misere) drückt.

Aber die Daten des Verderbens, der strukturellen Sünde sind meßbar, und ebenso unsere Verantwortung für sie. Hier zu zweifeln wäre Vermessenheit. Was bedacht werden muß, ist lediglich die notwendige Strategie. Wie wird, hier und heute und ganz handfest, die Konfrontation mit der Reichsreligion aussehen?

Es gibt ein mögliches Modell dafür. Und es lohnt sich, dieses Modell genauer anzusehen: die Befreiungskirche Lateinamerikas. Da ging es hand- und herzfest zu, da fielen die Masken, und die Kirchen traten in ihre alte, schreckliche Glorie ein – die Prä-312-Glorie.

8 Exkurs: *Los hijos de la chingada*

Drei Bilder vorab: ein barockes Wandfresko und zwei Fotografien. (Eine dritte wird später folgen.)

Das Fresko ist zu finden in der Abteikirche zu Weltenburg in Bayern. Da streben allegorische Galeonen mit prallgefüllten Segeln dem neuen Kontinent zu, der eben aus den Wassern stieg. Unter dem Riesenkreuz auf dem Hauptsegel stehen graue Mönche und stählerne Eroberer Schulter an Schulter. Sie blicken in ihre Verheißung: das neue Land, die neue Aufgabe. Sie bringen das Heil: Engel treiben sie mit unwiderstehlichen Winden voran, und am westlichen Uferstrand des nicht mehr uferlosen Meeres warten Naturkinder, nackt und großäugig unter Federkronen, auf die Botschaft, die sie aus Nichtvölkern zu Kindern Gottes machen wird. Ein paar groteske Teufel versuchen umsonst, die Landung zu verhindern, stemmen sich gegen den siegreichen Bug oder verschwinden bereits, ihrer Niederlage bewußt, in Dunst und Gestank...

So wurde die Konquista gesehen, und so wird sie teilweise noch heute gesehen, nicht nur von katholischer Offizialität. Da ist das Ewige Spanien, das Ewige Europa, und das galt und gilt noch bis zu Francisco Franco und den anderen Mordgeneralen, die so erfolgreich gegen den Bolschewismus kämpften und siegten und dabei die gesamte katholische Weltmeinung, nicht nur die faschistische, auf ihrer Seite hatten.

Und das gilt, auf die Höhe (besser: in die Untiefe) unserer Zeit gebracht, noch von der ersten Fotografie, der von 1955:

Rafael Leónidas Trujillo y Molina, damals Diktator der Dominikanischen Republik, mürrisch in höchst formellem Cutaway und gestreifter Hose, mit Spazierstock und ebenso kostümiertem Begleiter zur Rechten. Dieser Trujillo nannte sich *El Benefactor* – der Wohltäter –, sein Spitzname im Volk war *El Chivo* – der Bock –, der auf sämtliche Frauen seines Reiches Anspruch erhob. Rom, Papst Pius XII., kultivierte ihn, denn der Wohltäter finanzierte katholische Schulen und schätzte die stabilisierende Rolle der Kirche. (Das angrenzende Haiti, die arme Heimat der »Schwarzen«, verachtete und bekämpfte er.)

Auf der Fotografie steht links neben ihm ein Prälat im vollen Fundus der römischen Tradition: Talar, Birett, Chorhemd aus Spitzen. Er steht nicht nur neben ihm, er windet sich um ihn, beschwört ihn, dringt in seine Gehörgänge ein. Da ist große hispanische Tradition am Werk, die Beichtväter der Despoten, da ist die alte byzantinische Kleiderkammer.

Nun zur zweiten Fotografie, Jahrzehnte nach 1955 aufgenommen. Ein magerer Mann in kurzärmeligem Khakihemd und Khakihose steht mit beiden Händen auf das Dach eines Autos gestützt, während ihn irgendwelche militärischen oder paramilitärischen Kerle nach Waffen abtasten. Der Mann ist ein brasilianischer Bischof oder Ordenspriester in der Epoche der nationalen Sicherheitsideologie.

Kleider machen Leute. Und zwischen 1955 und 1975 änderte sich die Kleiderordnung.

Die machte es plötzlich möglich, Priester, Nonnen und Mönche der Folter auszusetzen – was in der Ära der altmodischen Grausamkeit des Caudillismus undenkbar gewesen war. (Es gab eine Ausnahme: Mexiko. In den zwanziger Jahren unter Präsident Calles waren tatsächlich Priester gejagt und erschossen worden. Zur Muttergottes von Guadalupe wallfahrtete der Präsident trotzdem – das war nationaler Grundbestand.)

Aber plötzlich trat der Halbkontinent im Ganzen, bislang ein Gegenstand missionarischer Sorge, in ein gänzlich neues Licht.

Mehrere Jahrzehnte lang bot er die Evidenz, die Möglichkeit einer völlig anderen Kirche – neben der alten fadenscheinigen Pracht der spanisch-kolonialen Bischofspaläste, der gepflegten und selbstsicheren Prälaten mit Leibwächtern und deutschen (wohl auch deutschfinanzierten) Limousinen. Diese neue Kirche der Armut war die Hoffnung und (teilweise) die Furcht der Welt, doch sie war gleichzeitig eine uralte Kirche, eine Kirche der Dissidenz und des tätigen Widerstands gegen den stolzen, gierigen, schäbigen katholisch-hispanisch-portugiesischen Imperialismus.

Sie hatte ihre Propheten – Bartolomé de las Casas etwa. Der sprach unerschrocken mörderisches Unrecht an –, ja, er scheute sich nicht, die Azteken frömmer zu nennen als die Eroberer, weil sie sich strikt an ihren Glauben und ihre Rituale hielten: Orthopraxie vor Orthodoxie. Einige nennen ihn deshalb den Giordano Bruno der christlichen Völkerkunde …

Später zu nennen: die Jesuiten der Indianerstaaten (*Reducciones*) am Paraguay, die ihre Schützlinge für den Widerstand gegen die weißen Landräuber bewaffneten und schulten, und alle anderen, die (auch im Norden, in Kanada), von christlichen Stämmen zu Nationen geformt, von ihrer Selbständigkeit gegenüber den kolonialen Unterdrückungsmächten träumten.

Zu nennen auch der Schutz, den durch die Jahrhunderte Orden wie die Franziskaner den brasilianischen Indios gewährten.

Doch das waren Strohhalme im Wind.

Sonst war die Unabhängigkeit von Spanien, im 19. Jahrhundert erkämpft, meist und zunächst eine Sicherung der kreolischen Minderheits- und Herrschaftsprivilegien gegenüber den Eingeborenen gewesen (vielleicht mit Ausnahme der vorwiegend weißen Staaten: Chile, Argentinien …). In den dünnen Intelligenzschichten des Halbkontinents regierte romanischer Antiklerikalismus oder halbblinde Traditionsloyalität. Und die offizielle Kirche hielt so eisern wie möglich an ihren ausgedehnten Reichtümern fest.

Unerbittlich, unausweichlich verschoben sich die Gewichte mit den fortschreitenden Jahrzehnten: der Norden, die USA, machten ihre Übermacht geltend. Die Monroedoktrin verwahrte sich gegen europäische Einmischungen in der Neuen Welt; aber sie stellte auch unmißverständlich klar, wer allein diese Einmischungen abzuwehren berechtigt und imstande war: die US of A.

Im 20. Jahrhundert wurde die Klärung der Verhältnisse fortgesetzt. Präsident Theodore Roosevelt formulierte die von da an klassische Maxime für den Umgang mit den unterentwikkelten Vettern südlich des Rio Grande: *speak softly and carry a big stick* – rede sanft und zeig den großen Prügel.

Leute wie etwa Sandino in Nicaragua ließen sich nicht so ohne weiteres vom großen Prügel beeindrucken, es folgten folgerichtig die US-Marines, lange Kämpfe im Urwald und schließlich (1934) tödlicher Verrat, in einem verrotteten Zentralamerika leicht zu kaufen. Auch dieses Muster sollte sich fortsetzen, die Sandinistas besiegten den lokalen Schweinehund Somoza und wurden von der Reagan-Administration mit einer sinistren Bande von sogenannten Contras beglückt. Seitdem liegt Nicaragua am Boden.

Die Kirche? Die gab es als politische Kraft so gut wie gar nicht – oder als Dekorationsstück der Reaktion.

Da wird das zweite Vatikanische Konzil einberufen, und der Wind des Wandels wird stärker. Die Bischöfe Lateinamerikas in Rom waren schon in der CELAM, der neugegründeten Bischofskonferenz, organisiert. Erste Solidarität regt sich, und gescheite Söhne besserer Familien studieren in Europa Theologie, in Deutschland, Frankreich, Belgien, promovieren bei Professoren, die als fortschrittliche Berater im zweiten Vatikanischen Konzil berühmt wurden. Sie machen ihren theologischen Doktor, kehren in die Heimat zurück und finden, daß das europäisch-fortschrittliche Schnittmuster ihrer nagelneuen Weisheit etwas für die existentiellen Bauchschmerzen der reichen Weltgegenden ist. Im verwüsteten lateinamerikanischen Hinterhof des großen Tiers, in seinen ländlichen Armutsgebieten, in den dezimierten Urwäldern, in den Barrios und Favelas der wachsenden Elendsstädte, in den mißgeborenen, korrupten, von der Duldung der Militärs abhängigen Staaten finden sie für ihre Dissertationsprobleme keine Heimat, keine Anwendungsmöglichkeit. Sie wenden sich – theologisch wie in der Seel- und Leibsorge – der mächtigsten Gegenwart Gottes zu: den Armen.

»Option für die Armen« – das ist nun das Stichwort; so neu und so authentisch wie die bezeugten Urworte Jesu in der »Quelle Q«. Dafür gilt es ein neues Theoriegebäude, eine neue Sicht der Dinge zu entwickeln. Daß die eifrigen *Doctores theologiae* dabei gelegentlich die analytischen Muster der Unperson Nummer eins, des Karl Marx, verwenden, wird sie teuer zu stehen kommen.

Es finden zwei historische CELAM-Konferenzen statt: eine in Medellín 1968, eine in Puebla 1979. Die Helden von Medellín, das waren vor allem die Brasilianer, deren Namen fast sofort in der christlichen Welt widerhallten: Helder Câmara, Evaristo Arns, Aloisio Lorscheider (der nach dem Tod Johannes Pauls I. sogar als Papstkandidat gehandelt wurde), aber auch der Peruaner Proaño. Das Gerechtigkeitsmanifest von Medellín begann:

> Über die Situation des lateinamerikanischen Menschen gibt es viele Studien. In allen wird das Elend beschrieben, das große Menschengruppen marginalisiert. Dieses Elend als Massenerscheinung ist eine Ungerechtigkeit, die zum Himmel schreit.

Das war ein geschichtlich-theologisches Zeichen: Gott ist in den Armen, Gott ist es, der den Schrei der Unterdrückten hört. Wer dafür taub ist, ist fern von der Erkenntnis Gottes. Und es ist die unmittelbare Zuwendung, die spontane Geste des Samariters, die das Reich Gottes enthüllt.

Da stand also plötzlich eine neue, aber sofort erkennbare Gestalt Kirche in der Welt, inmitten der kolonialen und postkolonialen Unzulänglichkeiten, bemüht, sich freizuschwimmen aus der Sargassosee der alten Buhlschaften und Allianzen: Hoffnung weltweit.

Und da sammeln sich natürlich die Feinde – Todfeinde und andere, vielleicht noch gefährlichere.

Da war zunächst das Imperium, im Fall Lateinamerika die konkreten Interessen der USA. Im Hinterhof hatte Ruhe zu herrschen, Castros Kuba war schlimm genug, aber der Sieg der Sandinisten in Nicaragua und die Wahl Allendes in Chile waren einfach zuviel. Die neue Kirche der Armen wurde sehr rasch als Verbündete des Umsturzes definiert – auch und gerade die Befreiungstheologie. In zwei Papieren ist das ausdrücklich niedergelegt: im sogenannten Rockefellerbericht in den späten sechziger Jahren – und im Santa-Fé-Papier, das für den 1979 neugewählten Präsidenten Ronald Reagan angefertigt wurde. Die beiden Papiere trugen viel zum historischen Kostümwechsel – und zum Wechsel der Umgangsformen mit Priestern, Mönchen, Nonnen, Katecheten – bei.

So begann die nächste Phase, die Phase der sogenannten nationalen Sicherheit, die Phase des glorreichen Schreckens, der schrecklichen Glorie.

Im Nu füllte sich der Märtyrerkalender – mit Priestern, mit Katecheten, mit US-amerikanischen Nonnen, mit zu aktiven Campesinos, mit protestantischen Helfern, zu denen Elisabeth Käsemann, die Tochter eines deutschen Theologen, gehörte; gekidnappt, tage- und wochenlang gefoltert, aus dem Hinterhalt erschossen, aus Hubschraubern geworfen, zu Staub zermalmt. Die nationale Sicherheitsdoktrin vereinte die Henkersknechte aus fast allen lateinamerikanischen Staaten – die Schergen von Leuten, für die nationale Sicherheit mit der eigenen Macht identisch war. (Die Personalpolitik der USA illustriert ein Wort, das Franklin Delano Roosevelt zugeschrieben wird: »Er ist natürlich ein Schweinehund – aber unsere Sorte von Schweinehund.«) Wirklich national war daran gar nichts; und zumindest koordiniert wurden diese nationalen Sicherheiten von Langley, Virginia, aus, vom Hauptquartier des CIA. Eine sogenannte *School of the Americas* wurde in Panama installiert, wo US-amerikanische Experten gelehrige Schüler aus dem ganzen Hinterhof (man spricht von insgesamt 80 000) in die höheren Künste der Subversionsbekämpfung einwiesen. (Peinlicherweise tauchte ein Unterrichtsmedium, ein Folterhandbuch, aufgrund einer Indiskretion in der sehr transparenten US-Öffentlichkeit auf.)

Brasilien, Argentinien, Chile – der Hinterhof wurde gesichert. Unsäglich ist die Geschichte all dieser Putsche und Repressionen – aber kehren wir zu unseren einleuchtenden Fotografien zurück, zur Kleiderordnung. Als Oscar Romero zum Bischof von San Salvador geweiht wurde, hatte er, nach Zeugnis von Freunden, eine kindliche Freude an den kostbaren Stoffen, die auf einmal an ihm nieder- und um ihn herumrauschten. Aber er ließ sich von ihnen nicht einwickeln, er entwickelte sich, er wurde mit seinen Sonntagspredigten, die per Radio auf die Plazas der Dörfer übertragen wurden, zum Vorkämpfer der Freiheit der Armen. Und so endete er schließlich, erschossen während der Messe in seiner Privatkapelle, als Märtyrer, wenn es je einen gegeben hat. Seinen Mördern passierte bis heute nichts.

Wichtiger als die Schergen der nationalen Sicherheit wurde eine Gegenbewegung aus der Kirche selbst – genauer gesagt, aus Rom.

Sie betraf nicht nur Lateinamerika. Sie betraf fast alle Errungenschaften der Epoche Johannes XXIII. Der geistdurchwehten Stimmung der Konzilsära in den Sechzigern antwortete, wie schon so oft, die Gegenreformation.

Man verknüpft sie mit der Person des regierenden Papstes. Das ist wenig erhellend, sogar irreführend. Von Anfang, also von Medellín an, hielt das kuriale Rom Wacht; und genau wie in Europa standen ihm genug Hilfstruppen vor Ort zur Verfügung.

Man halte sich vor Augen: Die Mehrheit, zumindest aber ein stattlicher Prozentsatz der Bischöfe, die sich zur CELAM-Konferenz versammeln, lebt nach wie vor im alten Bündnis von 312, bedient sich aus der höfischen Kleiderkammer, wohnt in kolonialen Palästen – Pontifikalamt für Pinochet, samstags Tennis des päpstlichen Nuntius mit den Mördern. Und diese Kirche war natürlich auch in Medellín dabei. Manche, wie Romero, lernten umzudenken, viele nicht. Medellín war kein kompletter Konsens; es war auch kein Putsch. Es war die Verschiebung eines Spektrums, das eine Zeitlang die Reaktion an den Rand drängte.

Und die Gegenbewegung begann fast augenblicklich: ein Zangengriff, dessen eine Backe die Doktrin, die andere die Personalpolitik war.

Die erste betraf natürlich die gescheiten jungen Männer, die in Europa bei progressiven Theologieprofessoren promoviert hatten und jetzt (nicht nur theoretisch) an der Befreiungskirche arbeiteten. Einer jener Professoren war Josef Ratzinger, der als Wahrheitswächterkardinal nach Rom zog und zu ihrem wichtigsten Gegner wurde. Seine Dekrete gegen die Befreiungstheologen (er drehte es so, daß nicht nur einige, sondern die ganze Perspektive gemeint war) sind scharfsinnig, aber im Grunde sehr schlicht. Er beschuldigt sie der Nähe, ja der engen Verwandtschaft mit dem Marxismus; dahinter und darüber aber steht die Mißbilligung jeglicher weltlichen Utopie, vor allem der Utopie des erlösenden Exodus, der nicht (mehr) nur von außen und oben kommt. Utopien, darüber ist sich Ratzinger mit den Deregulierern einig, sind nicht zulässig, Erlösung ist dann nur denkbar im und aus dem Jenseits – und so wird Ratzinger zum häufigen Kolumnisten der *Frankfurter Allgemeinen Zeitung*, des Zentralorgans des deutschen Neoliberalismus. Noch 1992 wird das Arbeitspapier *palabra-vida* des Ordenszusammenschlusses CLAR, das als Ausgangspunkt für innere Meditation und äußere Seelsorgearbeit gedacht war, von Ratzinger schroff zurückgewiesen – eben wegen des Exodus-Geruchs.

Die zweite Backe der Zange, wohl noch wirksamer als die inquisitorischen Kontrollen der Doktrin, war die Personalpolitik. Sie hat seitdem ihr Werk so gut wie vollendet.

Fast sofort nach dem Konzil wurde die Kontrolle über kirchliche Gruppen vor Ort verstärkt, und 1972, bei der CELAM-Konferenz von Sucre, erfolgte eine Schlüsselbesetzung: López Trujillo, Weihbischof in Bogotá, wurde Generalsekretär. (Er liebt ebenfalls edle Stoffe, und er bezahlt Leibwächter.) Sofort wurden die Institute für Pastoral, für Liturgie, für Katechese nach Bogotá verlegt, unter sein wachsames Auge. Später wurde er Kardinal und sicherte einen geeigneten Nachfolger im Amt.

Es verblieb als letztes Ärgernis die brasilianische Bischofskonferenz – eine Bastion, die, so hofften die Freunde des Neuen, nicht so leicht zu knacken sein würde. Aber die Kurie und ihre Kongregationen ließen sich Zeit. Einer nach dem anderen aus der alten Medellín-Garde wurde entmachtet, allen voran Helder Câmara. Aloisio Lorscheider erreichte die Altersgrenze, und die große, volkreiche Diözese des Evaristo Arns wurde einfach in sechs kleine zerschlagen; ihm selbst wies man eine von minderer Bedeutung zu. (Er erfuhr es beim Frühstück aus der Zeitung.)

Heute ist von den Pionieren der Medellín-Ära keiner mehr aktiv; schon wird erwogen, ihr Zeugnis zusammenzutragen wie die Werke von Klassikern und Kirchenvätern. Auch die gescheiten jungen Männer von einst sind alt geworden; einige wurden ermordet, Gustávo Gutiérrez, einer der Besten, lebt vorsichtshalber im Exil…

Eines ist einsichtig: Es geht nicht in erster Linie um Doktrinäres. Es geht um das, was der belgische Pater Comblin, ein Brasilienkenner, die Wiederherstellung der großen Disziplin genannt hat.

Die große Disziplin ist das Ziel jeder Gegenreformation. Und sie stößt die Gegenreformation jeweils weit über den alten Status quo hinaus in immer straffere Zentralisierung, geht längst weiter als die der ersten, der tridentinischen, überfährt konservative Traditionen überall, fegt in der Schweiz das uralte Konkordat beiseite, um einem Opus-Dei-Bischof den Erzbischofsstuhl von Chur zu sichern – ob Salzburg oder Recife, Niederlande oder São Paulo: Profillose Treue wird noch allemal dem prophetischen Charisma vorgezogen.

1992 reiste der Papst nach Santo Domingo, zur Fünfhundertjahrfeier des Kolumbus-Ereignisses. Eifrige Mitarbeiter der CELAM hatten bereits 1989 eine Predigthilfe für die Dankmessen an diesem Datum herausgebracht und versandt, in der zu lesen stand:

> Menschen mögen sich täuschen; doch das, was zählt, ist die Wirklichkeit der neuen Völker, die nun einen Teil der Familie der Gotteskinder bilden. Das ist das Wichtigste. Christus wurde verkündet, und aus diesem Kontinent der Hoffnung hebt sich die Opfergabe des Glaubens empor; des Glaubens jener, die einst »Nichtvölker« gewesen und jetzt Gottesvolk sind.

So steht es geschrieben: Nichtvölker sind sie vor 1492 gewesen, *non-peuples, no-pueblos*. Nichtig waren sie, überhaupt nicht vorhanden. Der Gegenreformation und ihrem Zentralismus entspricht der Kolonialismus, die Bevormundung, das ist deutlich genug. Die Galeone mit den stählernen Kriegern und den heilbringenden Mönchen ist immer noch unterwegs.

Das Kolumbusjahr war ohnehin voller Überraschungen. Im Februar 1992 erschien in der amerikanischen Wochenschrift *TIME* ein Artikel, in dem engste persönliche Zusammenarbeit von Präsident Reagan und Papst Wojtyla zum Zweck der Destabilisierung des polnischen Militärregimes und der Stärkung der verbotenen Untergrundgewerkschaft Solidarność anno 1981 geschildert wurde. Der Artikel wurde natürlich dementiert; aber auch die negativen Kommentare ließen durchblikken, daß einige der erwähnten Fakten (etwa die logistische Zusammenarbeit von CIA und polnischem Klerus nach 1981) sattsam bekannt seien.

Von Interesse sind die Namen der Mitspieler auf US-amerikanischer Seite: der CIA-Chef William Casey; der ehemalige Außenminister Alexander Haig; Vernon Walters, der bewährte diplomatische *trouble shooter*; und John Poindexter, der Militärassistent des Sicherheitsberaters im Weißen Haus.

Die gleichen Herren waren höchst aktiv im lateinamerikanischen Hinterhof. Nur liefen ihre Aktivitäten dort nicht auf die Destabilisierung von Militärdiktaturen, sondern auf ihre Festigung mit allen Mitteln hinaus. Daß sich dabei Todesfälle von aktiven Christen ereigneten, lag in der Logik der Situation.

Viele der Herren waren wackere Katholiken. Auch viele ihrer hispanisch-lusitanischen Mitarbeiter waren es. Es wäre ungeheuer peinlich, wenn sie ihre Knie plötzlich vor einem Heiligen oder Seligen, etwa Oscar Romero, beugen müßten, an dessen glorreichem Dahinscheiden sie nicht unbeteiligt gewesen waren.

So wird eine derartige Heiligsprechung nicht so schnell stattfinden. Den salvadorianischen Armen ist das egal, sie beten ohnehin zum heiligen Oscar. Was allerdings in solchen Zusammenhang gehört: Alles, was in alter, seit 312 bewährter Allianz von Schwertmacht und Altar gegen die Kirche der Hoffnung in Lateinamerika unternommen wurde, hat im *Mea Culpa*, im kirchlichen Schuldbekenntnis, gefehlt, das im Heiligen Jahr 2000 zu Rom feierlich verlesen wurde. (Die Beichte eines Missetäters, der seine Jugendsünden, nicht aber den Einbruch von vorgestern bekennt?)

Was bleibt von der großen lateinamerikanischen Erfahrung? Es ist evident: Sobald die Kirche oder die Kirchen der Christenheit der großen Bestie ernsthaft in die Quere kommen, ist es mit der Toleranz zu Ende, und wer sich noch aus der kaiserlichen Kleiderkammer bedienen will, sollte es sich gründlich überlegen, wie weit er in der Option für die Armen – oder für eine erhaltenswerte Welt – geht.

Was wird in Lateinamerika bleiben? Es gibt die furchtlose Landlosenbewegung in Brasilien, es gibt einen Ring von Basisgemeinden, es gibt Chiapas mit dem Altbischof Bartolomeo Ruiz. Und es gibt eine Befreiungstheologie, die sich metastasenartig über alle Kontinente der Armut verbreitet hat.

Die anderen – insbesondere die an den Fleischtöpfen der Wohlstandswelt – sind vorläufig die *hijos de la chingada* – die Söhne der Entehrten, der Geschändeten, der Betrogenen. So lassen sich die Mexikaner hochleben am 5. Mai, dem Nationalfeiertag – nicht ohne den Unterton trotzigen Triumphs. Gemeint mit der *chingada* ist angeblich Malinche, die Indianerin, die Cortés als Dolmetscherin, Diplomatin und Mätresse diente. Aber gemeint sind natürlich alle Kinder einer allzulang und allzusehr gedemütigten Nation.

Für die anderen hierzulande, die durch die wachsenden Wüsten des Reichtums stolpern, ist die Entehrte wohl die große Mutter Erde – oder, falls sie noch Christen sind, die Mutter Kirche, die *mater ecclesia*.

Dazu noch eine letzte Fotografie, die allerdings ziemlich scheußlich ist. Auf ihr abgebildet sind sechs Jesuiten, unter ihnen Ignacio Ellacuría, und zwei Hausangestellte im Hof ihres Anwesens in San Salvador, viehisch verstümmelt und hingemetzelt im Jahre 1989, acht Tage nach dem Fall der Berliner Mauer.

Die Welt war naturgemäß zu beschäftigt, um das Ereignis im zentralamerikanischen Hinterhof groß zu kommentieren. Zudem hatte die artikulierende Klasse ihre volle Aufmerksamkeit auf die Fatwah gegen Salman Rushdie zu richten, die seinen Tod wegen des Romans *Satanische Verse* forderte.

Im Foyer des CIA-Hauptquartiers in Langley, Virginia, ist der Bibelvers aus dem Johannes-Evangelium angebracht:

DIE WAHRHEIT WIRD EUCH FREI MACHEN.

Fazit

Es steht fest: Die Kirchen müssen es wagen.

Noch einmal die Evidenz: Der Totale Markt hat alle Merkmale einer Reichsreligion. Er beansprucht absolute Loyalität, die er nach dem Zusammenbruch der feindseligen realsozialistischen Konfession für selbstverständlich hält.

Wie die römische Reichsreligion des Kaiserkults vor 312 ist er transzendenzarm bis transzendenzlos, ein »Kult ohne Dogma«. Deshalb kann er gegenüber trostreichen Minderheitsreligionen Indifferenz üben, die er Toleranz nennt.

Er ist jedoch zutiefst fundamentalistisch, da er den Planeten nach den Prinzipien des reinen Ökonomismus organisieren will – und diese Prinzipien erfolgreich in eine einheitliche Daseinsweise seiner Untertanen transformiert. Da die Ökonomie aber lediglich ein Unterfall der Ökologie ist und da sich diese Tatsache weder durch Meinungsmache noch durch Mehrheitsbeschlüsse ändern läßt, sind sowohl der Kult als auch die Perspektive des Totalen Marktes absolut selbstmörderisch und würden, wenn unbestritten, in den Untergang der uns angemessenen oder auch nur verträglichen Lebenswelt führen.

Seine Seelsorge ist jedoch so effektiv, daß der ungeheure Umfang der Krise nur ganz wenigen Zeitgenossen klar ist, die solcher Seelsorge (aus welchen Gründen auch immer) noch nicht oder nicht genügend ausgesetzt waren und sind oder die sich mühsam eine übergeordnete Perspektive erkämpft haben. Der Meinungsmarkt bemüht sich natürlich, die zu verhindern –

schließlich ist er selbst ein wichtiger und integraler Bestandteil des Totalen Marktes –, wirkt ausschließlich in den Kategorien seiner Seelsorge und trägt, was das Wichtigste für die Reichsreligion ist, die Offensive gegen Moral, zusammenhängendes Denken und verantwortliches Fühlen gnadenlos in immer weitere Kreise.

Es ist klar, daß damit nicht nur die Bio-, sondern auch die Noosphäre mit einer Gründlichkeit und Effizienz verwüstet und deformiert wird, die historisch erstmalig und längst nicht mehr mit der Dekadenz des antiken Heidentums vergleichbar sind. (Dem fehlten dazu unter anderem die medialen Techniken.)

Es stellt sich die Frage, warum und in welcher Weise das Christentum dazu berufen, ja dazu genötigt ist, dieser Dekadenz Einhalt zu gebieten. Genauer gefragt: Welche Christentümer sind berufen?

Die Geister scheiden sich oder werden geschieden an der Sicht der Eschatologie, der apokalyptischen Erwartung, und am Verhältnis zur nichtchristlichen Welt, zur natürlichen Ökumene.

Es zeigt sich, daß eine fundamentalistische Eschatologie, eine Erwartung des großen Knalls oder der großen Entrückung, ihre Anhänger zwangsläufig jeder grundsätzlichen Verantwortung für die Weiterexistenz eines bewohnbaren Planeten enthebt, daß sie schließlich sogar geeignet ist, die Treib- und Sprengsätze des Totalen Marktes zu vermehren und zu verstärken. (Es gab Autoren, darunter der Verfasser, die hierin den Grund für eine unheilvolle Wirkungsgeschichte des Christentums sahen; diese Sicht ist berechtigt, wenn man entsprechende historische Nebenwirkungen ins Auge faßt und sie als solche definiert.) Die reale Lebenswelt wird dann uneigentlich, und die realen Verantwortlichkeiten beschränken sich auf die Binnenbedürfnisse und -strukturen der Gruppe. Im Extremfall wird der Drang nach der Apokalypse sogar zum wirklichen und wirksamen Selbstmordsyndrom gesteigert.

Die Folge ist, daß fundamentalistische Christen hervorragend im Kontext des Totalen Marktes funktionieren und sogar eine seiner solidesten Stützen werden können. Sie liefern paradoxerweise ein »utopisches« Element, das der sorgfältig auf Transzendenzlosigkeit achtenden Reichsreligion angeblich völlig abgeht, abgehen muß.

Ganz anders liegen die Dinge, wenn sich eine Kirche oder Glaubensgemeinschaft den wissenschaftlichen Erkenntnissen öffnet, insbesondere wenn sie die Evolution bejaht. Spiritualität wird dadurch keineswegs eingeschränkt oder geschwächt, sie wird vielmehr bereichert. Die Schöpfung ist dann keine abgeschlossene historische Episode, sondern ein komplexer Prozeß, in den wir mit all unseren Fähigkeiten und Schwierigkeiten verwoben sind. Daraus folgt jedoch zwingend, daß auch der Jüngste Tag als Gegenströmung präsent ist, daß Schöpfung und Gericht Tag für Tag stattfinden und daß unser schöpferisches Tun integraler Teil einer Heils- oder Unheilsgeschichte ist.

Erreicht ein Christentum diese Sicht der Dinge, diese Perspektive der Verantwortung, ist es augenblicklich zum objektiven Feind des Totalen Marktes geworden. Selbst wenn christlich gestimmte Versöhnlichkeit den innerhalb seiner Logik und Logistik höchst erfolgreichen und (für uns) segensreichen Markt immer noch für das Bessere im Vergleich mit einem (längst dahingegangenen) Sozialismus halten sollte: In seiner bewußten Blindheit gegenüber den biosphärischen Weltgefahren, seiner konsequenten Verschleppungspolitik in allen, selbst den schüchternsten Versuchen einer Wende zur Nachhaltigkeit, offenbart sich zwingend seine ganz und gar unemotionale, dafür um so wirkungsvollere Tendenz zum kollektiven Selbstmord.

Was folgt daraus? Was ist das Notwendige in Wort und Tat?

III

Das Notwendige – Wort und Tat

1 Zweckmäßig: Kreuzzug – Auszug?

> Eure gesamte Maschinerie ist so unmenschlich geworden, daß sie uns bereits natürlich vorkommt. Dadurch, daß sie uns zur zweiten Natur geworden ist, ist sie ebenso fremd und gleichgültig und grausam geworden wie die Natur selbst. Von neuem reitet der Ritter durch den Forst. Nur hat er sich im Räderwerk der Maschinen statt in den Wäldern verloren. Ihr habt euer verfaultes System in so riesigem Maßstab angelegt, daß ihr selbst nicht mehr wißt, wo und wann der Schlag niedersausen wird…

Das Zitat stammt aus dem skurrilen Roman *Die Wiederkehr des Don Quijote*, den G. K. Chesterton zwischen 1914 und 1924 schrieb. Der Roman ist vergessen, die Metapher der riesigen Maschine nicht. Das Bild verfolgt begleitend den Aufstieg der Industriegesellschaft seit den Tagen der Romantiker, die wahren Konservativen haben es seit eh und je benützt, und als sich die radikalen amerikanischen Studenten im Gefolge des Vietnamprotests gegen die »Megamaschine« erhoben, wußten wohl nur wenige von ihnen, daß das Wort von dem konservativen Denker Lewis Mumford stammt.

Der kulturkritische Protest gegen die Mechanismen des aufsteigenden Marktes kam und ging in Wellen. Solange er auf Konservative beschränkt war, stieg er aus Gefühlstiefen empor, war wohl auch verbündet mit ständischen Gekränktheiten. Wieder und wieder stießen seine Fluten durchs Wattenmeer des Zeitgeistes vor, fluteten wieder zurück in Ohnmacht: von den Tagen des Novalis und der englischen Lake Poets über die tastenden Versuche der Weißen Rose (der Stuart-Partei) in England, dann der deutschen Jugendbewegung. Der sogenannte Fortschritt, das sich entwickelnde Industrie- und Finanzsystem, ließ sich dadurch wenig beirren, er wußte sich im Bündnis mit der Wissenschaft und der materiellen Macht.

Gefühle und Räson: der Stand der Kirchen

Die Meinungen und Gefühle in den christlichen Kirchen waren und sind geteilt. Die Gefühle drängten eher zum Bündnis mit der Maschinenfeindschaft, zumal die Menschenart, die der Fortschritt hervorbrachte und die ihn vorantrieb, für die herkömmliche Seelsorge kaum mehr zugänglich war; die kirchenpolitische Räson drängte sie indessen nach rechts. Daraus ergab sich, daß nicht nur der Wilhelminismus und der Viktorianismus, sondern auch die Faschismen des frühen 20. Jahrhunderts durchaus mit klerikalen Sympathien rechnen konnten: die »Legion des heiligen Michael« in Rumänien, der Klerofaschismus in Österreich und Portugal – ja sogar die mörderische spanische Variante von 1936. Und wenn eine starke Fraktion in Rom heute offen die Seligsprechung von mehreren hundert Bürgerkriegsopfern auf franquistischer Seite erwägt, ohne auch nur einen Gedanken zu verschwenden an die Hunderttausende von Hingemetzelten auf der republikanischen, ist es schwer zu glauben, daß dieser Steinzeitkonservativismus überwunden ist. Auch die Arrangements mit Mussolini und Hitler sind heute kaum mehr verständlich, gründeten jedoch auf derselben Kombination von Fortschrittsmißtrauen und Sympathie für Ruhe und Ordnung.

Nach 1945 glitt diese Konstellation nicht ohne Reibungen in den kalten Krieg. Was noch an alten Gefühlen gegen das moderne Wirtschaften geblieben sein mochte, wurde nun endgültig aufgegeben, mündete ein in eine neue Art des Konservatismus, für den die Bundesrepublik Deutschland unter der Herrschaft der CDU beispielhaft wurde. Die Megamaschine arbeitete jetzt, so schien es, für Christus und gegen den gottlosen Kommunismus und zugunsten der alten und neuen Fleischtopfkulturen. Es gab nennenswerte Ausnahmen, aber diese Dissidenten, einzelne und mehr oder weniger verbissene Kleingruppen, entbehrten fast jeder politisch-gesellschaftlichen Gestaltungsmöglichkeit, und sie waren oft genug durch ihre Leichtgläubigkeit gegenüber den Inszenierungen des Realsozialismus kompromittiert. (Man sieht: Ihnen ging es nicht anders als den anderen Gruppen der intellektuellen westlichen Dissidenz.)

Von der Dissidenz zum Dilemma der Menschheit

Es bedurfte des Anstoßes aus Amerika – des Anstoßes der dortigen Nonkonformisten, die sich über den Anti-Vietnam-Protest an einen grundsätzlichen Widerstand gegen die »Megamaschine« heranarbeiteten. Und fast gleichzeitig trat das zweite Vatikanische Konzil eine Freiheitslawine im Katholizismus los, die sofort an den alten US-amerikanischen Linkskatholizismus anschloß. Zu Kultfiguren dieses Widerstandes wurden die Brüder Berrigan, beide katholische Priester, vom FBI gejagt. Die 1968er-Welle folgte in Europa; und wenige Jahre später, 1970 bis 1972, trat das eigentliche »Dilemma der Menschheit«, die Möglichkeit der selbstverschuldeten Selbstzerstörung, klar hervor. Man sah den Ritter des Widerstandes wieder durch den stählernen Forst reiten. Wer über eine kleine Bibliothek der Schriften verfügt, die in den siebziger und achtziger Jahren den Diskurs bestimmten, und heute einen Blick hineinwirft, ist betroffen über die Kühnheit und die Siegessicherheit der damaligen Ansätze: Ivan Illich, E. F. Schumacher, Barry Commoner, André Gorz… Die Liste ist stattlich, und auch sozialdemokratische und linksliberale Politiker erlaubten sich Äußerungen, die sie heute vermutlich nicht wiedererkennen – oder ableugnen – würden. Heute, dreißig Jahre später, wissen wir, wo der Schlag niedersaust: Die große Klimakatastrophe hat begonnen.

Dazwischen aber fand der höchst erfolgreiche Gegenangriff der Megamaschine statt – unter neokonservativen und neoliberalen Vorzeichen: Die Seelsorge der endgültig siegreichen Reichsreligion funktionierte einwandfrei. Sie hat es, zusammen mit der Wende von 1989 und ihren Folgen, fertiggebracht, daß in den Jahren zwischen 1980 und 1998 die öffentliche Aufmerksamkeit auf das biosphärische Dilemma zurückwich wie ein Ebbenmeer über das Watt. Die Tatsache, daß sämtliche anderen Krisen nur Unterfälle dieses Dilemmas sind, wird entweder überhaupt nicht oder nur von Spezialisten als Spezialinformation bearbeitet; als allgemeines Menü verschwand sie aus den üblichen Nobelrestaurants und Suppenküchen der öffentlichen Meinung und des Zeitgeistes. Die Reichsreligion hat sich darauf verlassen können, daß die immer kürzere Aufmerksamkeitsspanne des Publikums, der Appetit auf immer neue Tagesthemen (alles Folgen ihrer Seelsorge) das Zentralthema, die entscheidende Krise des neuen Jahrtausends, unter den Teppich bannen würde, wenn genügend vordergründige Sensationen und Sensatiönchen für seine Veralterung sorgten.

Globalisierungsalarm

Nun aber, nach zwei Dekaden absoluten Triumphes der Reichsreligion, treiben erste Wellen des Unmuts, der Revolte wie eine steigende Flut wieder landeinwärts in die öffentliche Aufmerksamkeit. Die neuen Stichworte, an denen sich der Unmut entzündet, sind durchwegs Kürzel mit drei- oder vier Buchstaben: GATT, IWF, WTO, MAI (IWF ist die Abkürzung für den Internationalen Währungsfond, MAI für Multilaterales Abkommen über Investitionen). Sie stehen für die Globalisierung, d. h. den Durchmarsch des Totalen Marktes zur Weltregierung. Die Dichte des Widerstands ist vorläufig gering; seine Ziele, soweit erkennbar, sind recht weit auseinanderliegende Spannen des Horizonts. Was fehlt, ist eine Festigkeit der Perspektive, die nicht in große Sätze gefaßt zu sein braucht, die aber imstande ist, den Mut und die Wut der bunten Dissidenten auf einen genau erkennbaren Punkt der Ungerechtigkeit, der Abstrusität, der Todesgefahr zu lenken, den dann möglichst viele nicht nur als abstrakte planetarische, sondern auch als unmittelbar eigene existentielle Bedrohung erkennen oder erfühlen.*

Aber anarchische Aggressionen sind ohnehin nicht das Richtige. Noch vor hundert Jahren hätten die Klarsichtigen und Begeisterungsfähigen angesichts unserer Lage vielleicht den christlichen Kreuzzug ausgerufen; aber Gott sei Dank sind die Assoziationen, die man damals von einem Kreuzzug hatte – Bilder von silbernen Rittern mit Kreuzwimpeln an den Lanzen, vom Zweikampf zwischen Saladin und Richard Löwenherz, vom seligen Dahinsterben im Schoß feenhafter Prinzessinnen –, der historischen Kritik erlegen. Sie hat das handfeste Morden von Gottfried von Bouillon bis Enrico Dandolo, von Jerusalem 1099 bis Konstantinopel 1204, nicht gerade als Ruhmesblatt der Christenheit registriert. Die Vokabel wie die Aktionsform »Kreuzzug« sind gerade unter den Klarsichtigen heute nicht mehr zu verwenden. Zudem: Der Feind würde sich angesichts der pikaresken Bataillone, die da aus dem gesellschaftlichen Niemandsland auf ihn zugestolpert kommen, höchstens totlachen.

Nein. Was die Kirchen brauchen, was jeder Widerstand braucht, ist nüchterne Sicht, klare Sprache – und den Mut zum Aushalten.

* Selbstverständlich wurde und wird der 11. September benützt, um wie in Zeiten des kalten Krieges wieder uneingeschränkte, d. h. kritiklose Solidarität zu fordern.

Nüchterne Sicht. Das bedeutet zunächst nichts anderes als die Anerkennung der unbedingten Pflicht zur Konfrontation; einer Pflicht, der nicht mehr auszuweichen ist.

Es bedeutet aber auch, die eigenen Schwächen gegen die Ressourcen abzuwägen.

Erste Notwendigkeit: die Grundsatzentscheidung

Die verfaßten Kirchen befinden sich, wie wir sahen, inmitten eines bunten Medleys von spirituellen Angeboten auf dem Pflaster des Pantheons, das sich riesig über uns allen wölbt. Wir sind in die Situation vor 312, vor den Beginn der kaiserlich-kirchlichen Koalition, zurückgeworfen.

Da der neue Kaiserkult des Totalen Marktes ängstlich jede Transzendenz, jede formale Anbetungsforderung vermeidet, da er sich selbst als noch nie dagewesene und schlechthin unüberbietbare Toleranz definiert, ist dies lange nicht begriffen worden, ja begreifbar gewesen. Repression war und ist in unseren Breiten so unnötig wie unerwünscht.

Das ist alles vorbei. Aber was geblieben, was dringend erwünscht ist, das ist das gute alte abendländische Kulturerbe, der Nuntius als Doyen beim Neujahrsempfang, die reservierten Ehrenplätze für Bischöfe und Bischöfinnen bei weihevollen Zeremonialveranstaltungen, kurz: die byzantinische Kleiderordnung von 312. Sicher, die Hierarchen haben gelernt, sich zurückzuhalten, im öffentlichen Auftreten wird Unauffälligkeit allmählich zum Stilprinzip. Aber das sind eher Imagefragen, sie betreffen das Wesentliche, das Arrangement von 312, noch nicht.

Worauf es ankommt (oder ankäme), ist eine Grundsatzentscheidung: Wird die tödliche Gefährdung der Lebenswelt und damit der menschlichen Zukunft durch die Reichsreligion als theologisch bedeutsam, als *status confessionis*, wie die Reformierten sagen, also als Notwendigkeit christlichen Bekenntnisses anerkannt? Und wird deutlich genug darüber geredet, deutlich genug gehandelt? Und sollten sich die Kirchen dazu entschließen, welches Modell des Widerstands wäre am wirksamsten?

Für ein Nebeneinander, weder ein onkelhaftes noch das nostalgische des Exils, ist keine Zeit – und kein Wohlwollen – mehr gegeben. Es muß sich um einen planvollen Exodus handeln, also um das körperlich begreifliche »Hier stehen wir« eines anderen Lebensmodells. Das bedeutet Entschiedenheit, klare Benennung des Trennenden, klare Begründung für die Verweigerung des Weihrauchs. Die Folgen für Homiletik und Katechese, also für Predigt und Unterweisung, sind sofort klar.

Planvoll, das bedeutet aber auch Besonnenheit. Ein realer Ausmarsch in die Wüste ist ohnehin nicht möglich, er wäre auch höchst unfruchtbar. Schließlich geht es darum, hier, mitten in den Landen der Reichsreligion, gegen ihre Reichsräson eine lebbare Zukunft vorzubereiten. Damit ist die Christenheit, wenn sie denn an ihren bisherigen geschichtlichen Aufträgen gemessen wird, einerseits in die Lage vor 312, vor den Pakt mit dem Reich, geraten – andererseits hat sie im Gelände gewollter Ignoranz und wachsender Barbarei einen zivilisatorischen Auftrag wahrzunehmen, der an Gewichtigkeit, aber auch Gefährlichkeit die Verhältnisse des Frühmittelalters weit überragt.

Dafür gibt es Ressourcen, dafür gibt es aber auch Hindernisse. Es ist sinnvoll, die Hindernisse zuerst zu behandeln.

2 Hindernisse weltlicher, akademischer und geistlicher Art

Hindernisse wird es viele geben: konkrete und abstrakte, ernsthafte, kuriose und lächerliche. Die abstrakten sind unter Umständen sehr schwierig; unter den konkreten verdienen oft gerade die kuriosen und lächerlichen ernsthafte Aufmerksamkeit.

Beginnen wir mit dem handfestesten Hindernis: der wahrscheinlichen Angst der Kirchen, durch die Wahrheit, d. h. durch ihre Verkündung, vernichtet zu werden. Ins 21. Jahrhundert und ins Wohlstandsgelände übersetzt, ist das die Angst um den einen Mexikaner. Die netten Leute, die noch in die Sonntagsgottesdienste kommen, dürften sich etwa im Verhältnis eins zu zehn zu unserer Wahrheit bekennen wollen, mehr zu erwarten wäre albern.

Diese Angst muß natürlich respektiert werden. Man kann und muß ihr auf zweierlei Weise antworten: ethisch und taktisch.

Jenseits der Angst

Das ethische Argument ist klar: Wenn ich von einer Wahrheit zutiefst überzeugt bin und wenn mein Daseinszweck in erster Linie die Verkündung der Wahrheit ist, darf ich das Risiko nicht scheuen. Dann gilt Joh. 6,60: »Diese Rede ist hart, wer will sie hören?« Die Rede, die wahr redet, wird verkündet werden müssen, wie viele oder wenige auch hinhören mögen. Sie wird verkünden müssen, daß die Alternativlosigkeit der Reichsreligion (TINA!) mit der Identität des Christentums nicht vereinbar ist. Es ist Sache des mir Gegenüberstehenden, den ich vor dem Schritt in den Abgrund warne, ob er seinen Spurt bremst oder nicht. Warnen muß ich ihn aber – genauer: Ich muß ihn zu tätiger Reue, zum Umdenken und Umhandeln auffordern.

Doch nun zur taktischen, vielmehr zur strategischen Überlegung. (Sie steht im Grunde hinter dem Grundriß, hinter der Unternehmung dieses Buches.) Es ist die Überlegung, ob die Kirchen überhaupt irgendeine andere Möglichkeit hätten, sich bis in die zweite Hälfte unseres Jahrhunderts vor der völligen Bedeutungslosigkeit zu retten. Die Erkenntnis-, Andachts- und Rettungshilfen, die sie durch die Jahrhunderte angeboten hat, können heute aus einer ganzen Boutiquenmeile unter dem Pantheongewölbe befriedigt werden, vom billigen Amulettenkeller bis hinauf zu den Emporen der höheren Meditation und Seelenheilkunde. Wenn wir die Hand Gottes und nicht nur die unsichtbare Hand des Adam Smith in der Geschichte vermuten, dann steckt hinter diesen Verlusten scheinbarer Kompetenz ein Sinn. Er weist darauf hin, oder könnte darauf hinweisen, daß den Kirchen ein Kompetenzbereich abhanden gekommen ist – oder daß sie ihn noch nicht gefunden haben –, den nur sie ausfüllen können. Es ist, wie schon gesagt, letzten Endes ein zivilisatorischer. Und er ist alles andere als utopisch. Er stellt im Gegenteil die schlechte Utopie, in der wir leben, fundamental in Frage und bietet die Suche nach einer lebbaren Alternative an – einer Alternative, die Gemeindestrukturen in gemeinsamer Überzeugung und Heilsperspektive voraussetzt und sogar schaffen kann.

Sicher, es ist noch nicht sichtbar, wie die Reichsreligion auf ein solches Angebot an ihre Untertanen reagieren und welche Folgen dies für die Kirchen und die einzelnen Christen haben wird. Mit Verfolgung ist zu rechnen, Lateinamerika ist dann nicht mehr weit weg. Aber historisch, und gerade auch in der jüngsten Historie, ist festzustellen, daß die Kirchen dadurch eher erstarken. Auf jeden Fall kann gesagt werden, daß sie durch ein solches wahrhaftiges Angebot wieder deutlich als Wirkkraft in dieser unserer Welt sichtbar würden. Sie wären der Stein des Anstoßes, den die Bauleute der schönen neuen Welt schon verworfen glaubten. Und dies wäre, behaupte ich, das allein fruchtbare, das zukunftsträchtige Kalkül – nicht nur für das Überleben der Kirchen, sondern der uns allen anvertrauten menschlichen Gesellschaft. Ängstliche Selbstbewahrung oder gar Anpassung an die Marktseelsorge, Konsultation von Werbefirmen, PR-Agenturen, Unternehmensberatern ist dann nicht nur hochgradig lächerlich, sondern logischerweise der sicherste Weg, um den Untergang, zumindest das Absinken in die Boutiquenmeile, das Abtauchen in trauliche sektiererische Seitenkapellen zu beschleunigen. Hier, wenn irgendwo, gilt das Wort Christi vom Leben, das man verliert, wenn man es zu erhalten sucht, und vom Leben, das man gewinnt, wenn man das große Risiko eingeht.

Die Umarmung des demokratischen Kapitalismus

Das ist natürlich selbst innerhalb der Kirchen kein beliebtes Evangelium. Vor allem dann, wenn man sich gerade knapp aus dem kalten Krieg herausgewunden hat und sich einer so ärgerlichen Herausforderung wie etwa der Befreiungstheologie (und kritischer werdenden »Kirchen von unten«, eventuell sogar warnenden Bischöfen) gegenübersieht. Als Reaktion auf solche Aufmüpfigkeiten entstanden sofort neue Zentren mit Ablegern in Südamerika und in Europa, wie etwa die theologische Abteilung der erzrepublikanischen Ideologieschmiede *American Enterprise Institute*, das Institut für Religion und Demokratie des Peter Berger und andere. Europäische Zentren, Lehrstühle und Lehrmeister dieser Art, darunter auch deutsche, gibt es natürlich ebenfalls. Eine Macht für sich war und ist Michel Camdessus, der vormalige Chef des Internationalen Währungsfonds und als solcher sicher einer der einflußreichsten Männer der Welt.

Die Drift ihrer denkerischen Anstrengungen (die teilweise höchstes Niveau erreichen oder wenigstens anstreben) kann man wahrnehmen, ohne allzuviel von ihren Werken gehört oder gelesen zu haben. Es ist das alte Gambit vom christlichen Menschenbild, von der Würde der Freiheit, von der kreativen Teilnahme an Gottes Schöpfung, die letzten Endes nur der demokratische Kapitalismus und seine Hegemonialmächte garantieren können. Sie alle teilen die antiutopische Fixierung von Hayek und Popper (»Wer den Himmel auf Erden schaffen will, bewirkt die Hölle...«), ohne wahrzunehmen, daß sie selbst eine höchst gegenwärtige und damit doppelt gefährliche Utopie verkaufen: die Utopie von der Unschuld der unsichtbaren Hand, von der prästabilierten Harmonie von menschlichem Erwerbsdrang und göttlicher Schöpfung.

Besonderer Erwähnung bedarf Michel Camdessus. Er hat in einem kühnen Handstreich fast das ganze Vokabular der Befreiungstheologie übernommen, spricht über »Markt und Reich Gottes – die doppelte Zugehörigkeit«, spricht, sicher voll tiefen Ernstes, vom Auftrag der Wirtschaftsmacht in unseren Tagen, über den er wie eine Blaupause die Erzählung von Jesu erstem Auftritt in der Synagoge zu Nazaret legt (Lukas 4,16–23):

> Der Geist des Herrn ruht auf mir; denn der Herr hat mich gesalbt. Er hat mich gesandt, damit ich den Armen gute Nachricht bringe; damit ich den Gefangenen die Entlassung verkünde und den Blinden das Augenlicht; damit ich die Zerschlagenen in Freiheit setze und ein Gnadenjahr des Herrn ausrufe... Heute hat sich das Schriftwort, das ihr eben gehört habt, erfüllt...

Das meint er offensichtlich ernst, aber die Kraft, die diese Botschaft herüberbringt in die Welt der Lebenden, ist der Markt, sonst nichts. Der Markt lindert das Elend, gibt den ausgepowerten Ländern und Völkern Hoffnung auf den Anschluß an den großen imperialen Wohlstand: So ist das bei ihm zu sehen, zu hören und zu lesen, obwohl er es besser wissen müßte: In seiner Amtszeit hat der IWF gerade den ärmsten Ländern die fürchterlichsten Auflagen gemacht. Und Michel Camdessus wurde nach jahrelangem Antichambrieren in die päpstliche Kommission *Iustitia et Pax* aufgenommen, welche das vatikanische Globalengagement im wirtschaftlichen und sozialen Bereich betreut.

Man mag (bislang) vom Segen einer solchen christlich-kapitalistischen Symbiose überzeugt gewesen sein, wenn man sich von der wachsenden Kluft zwischen Arm und Reich in der Welt nicht allzusehr gestört fühlte. Es gibt aber ein unerbittliches Indiz, was die Zukunftsfähigkeit einer solchen Symbiose angeht: die Haltung dieser Theorien zur Wirklichkeit der biosphärischen Krise. Und die ist, schlicht gesprochen, nichtexistent bis infantil. Bei Camdessus ist zu diesem Problem nichts vorzufinden bis auf das eine Wort »Umweltverschmutzung«, die übliche Aus- und Eingrenzungsvokabel, die das Problem in die Fußnoten der ökonomischen Theorie und Praxis verweist; deutlicher wird, wenn auch nur ganz gelegentlich, Michael Novak, wenn er etwa in einem Buch über die »Corporations« die Großfirmen als höchste Verwirklichungen kapitalistischen Schöpfungswillens preist und seinen geliebten Managern ans Herz legt, sich nicht »von Ökologen über den Tisch ziehen« zu lassen. In seinem Hauptwerk *Geist des demokratischen Kapitalismus* finden wir, als Antwort auf Jürgen Moltmann, folgende Stellungnahme:

> Moltmann behauptet hier, daß die Menschen die Angreifer seien und die Natur friedfertig sei. Er schätzt die Grausamkeit der Natur gegen ganze Arten von Lebewe-

> sen zu gering ein. In Vulkanausbrüchen, Erdbeben, Erosion, giftigen Gewässern und Gasen, Überschwemmungen, Sturmwinden... hat sich das Antlitz der Natur oft dem Menschen gegenüber feindlich gezeigt. In der Geschichte mußten sowohl die Natur als auch die Menschheit »gebändigt« werden...

Profund, profund. Abgesehen davon, daß hier die ökologischen Erkenntnisse eines halben Jahrhunderts, die Einsichten in die anthropogenen Zerstörungen der Biosphäre glatt ignoriert bzw. als »Bändigung« verharmlost werden, läuft Novaks Argument auf den schlichten Satz hinaus: Es geschieht der Natur ganz recht, wenn wir sie mißhandeln – warum ist sie immer so schlecht zu uns gewesen? Nun, man muß davon ausgehen, daß für derlei Denker immer reichlich Geld zur Verfügung steht, wenn es um den Status quo der gesellschaftlichen Informiertheit bzw. Uninformiertheit geht.

Entscheidend ist, daß von einem rein ökonomistischen Ansatz aus jede einigermaßen wirklichkeitsnahe Wertung der biosphärischen Krise, und damit des möglichen größten Unheils für die Menschheit, systemfremd und damit unmöglich ist.

Nochmals und ganz deutlich: Das Bündnis mit oder die Neutralität gegenüber Denkschulen, die mit der biosphärischen Krise, also mit der bedeutendsten Herausforderung der Menschheit seit der Sintflut, nichts anfangen können oder sie als »Politikfeld Umwelt« bagatellisieren, können sich die Kirchen ab sofort nicht mehr leisten, wenn sie nicht auf einen völlig verinnerlichten, von jeder Lebenswelt abstrahierenden Heilsbegriff zurückfallen und die Lebenswelt, d. h. auch unsere Kinder und Enkel, einem fürchterlichen Schicksal überlassen wollen.

Wesentlich tiefer sitzen andere Hindernisse, die man »vortheologisch« nennen mag; sie bedürfen unerschrockener Benennung und Darstellung. Einige gehen auf Jahrzehntausende vorchristlicher Religionsgeschichte zurück und stecken uns allen, auch uns Säkularisierten, in den Knochen.

Ja, es waren sicher Zehntausende vorchristlicher Jahre am Werk, die Idee der salvierenden Formel in die Menschheit einzuwurzeln.

Am klarsten erzählt das eine Geschichte, die ich von einem deutschstämmigen Indianerbeauftragten der kolumbianischen Regierung am oberen Amazonas hörte. Begeistert berichtete er über die öko-korrekte Religion dieser Stämme; aber in der anschließenden Diskussion erwähnte er, daß ihm ein Schamane einmal einen schmackhaften Fisch vorsetzte, der, wie er wußte, um diese Jahreszeit tabu war. Er nahm an, daß man ihn testen wollte, und lehnte ab. Der Schamane aber lachte und bedeutete ihm, er könne ruhig zugreifen; er, der Schamane, kenne eine salvierende Formel, einen Zauberspruch, der das Tabu aufhebe und den Genuß völlig harmlos mache.

Das ist natürlich Magie; der Zauber als passender Schlüssel zu dem Schloß, welches das Tabu ist. Aber wir sollten uns davor hüten anzunehmen, daß das Grundmuster der salvierenden Formel in unserem eigenen moralischen Haushalt keine Rolle spielt. Sicher, eine der größten Gaben der jüdisch-christlichen Tradition ist der gnädige Gott, der uns Gnade ohne kultisch-magische oder moralische Gegenleistung gewährt und uns gerade dadurch aufs innigste verpflichtet; aber wieviel Magie, wie viele salvierende Formeln wenden wir dennoch Tag für Tag in unserem Umgang mit der Welt und mit unsresgleichen an – von Gott ganz zu schweigen!

Und das gilt natürlich nicht nur für Christenmenschen; alle Weltkulturen, auch unsere säkularisierte Kultur, sind von der Magie der salvierenden Formel durchsetzt. Sie ist, bis zu einem gewissen Grade, identisch mit der Praxis der Ablaßkrämerei. Man wünscht die Hauptrichtung unserer Zivilisation auf die Selbstzerstörung hin gar nicht zu ändern – man kann es sich jedenfalls nicht vorstellen, wie das ohne Verlust von Rendite, von Wählerstimmen, von gewohntem Komfort vonstatten gehen sollte. Man findet oder erfindet deshalb salvierende Formeln, Ablaßhandlungen, rituelle Opfer, bei denen man den Göttern etwas Dampf des verbrannten Gekröses offeriert, während man sich noch nicht einmal klammheimlich an den übrigen gastronomischen Köstlichkeiten schadlos hält.

Eine früh entdeckte Formel war die Einrichtung von Ämtern aller möglichen Art für den Umweltschutz; fast gleichzeitig begann der nebulöse Gebrauch von Wörtern wie *Nachhaltigkeit,* von Präfixen wie *öko-*, eine fast hysterische Mülltrennerei (die dann beim Einsammeln oft genug wieder im alten Durcheinander endet). Und die Reichsreligion toleriert dergleichen, solange die Profitrate stimmt. Aber schon bei den Modalitäten, sagen wir, des Aludosenpfandes, greift die salvierende Formel nicht mehr, und die harte Logik des Reichsgesetzes schlägt zu.

Doch kehren wir aus den makabren Gefilden des säkularen Formelkrams ins ernsthaft Geistliche zurück. Gerade im Christentum, wo eine machtvoll bewegende Kultur der Vergebung und Versöhnung sich entfaltet hat, liegt es gefährlich nahe, diese Verkehrsformen zwischen Menschen, zwischen Gott und Mensch auch im Umgang mit der nichtmenschlichen Welt anzuwenden – oder vielmehr: anwenden zu wollen. Das Schlimme ist: Sie greifen nicht.

Der Hausherr, dem ein Rowdy die Glastür eingeschmissen hat, mag dem Missetäter durchaus verzeihen; es ist sogar möglich, daß solches Verzeihen aus dem Rowdy einen besseren Menschen macht und so das moralische Niveau der Gesellschaft insgesamt um einen Millimeter hebt.

Was die thermodynamischen Gesetze und vor allem die Entropiegesetze betrifft, wird nichts wiederhergestellt. Die Scherben fliegen nicht in den Rahmen zurück, fügen sich dort nicht wieder nahtlos zusammen – mit anderen Worten: Die Entropie wurde durch die Lausbubentat und die in der Folge notwendigen Reparaturmaßnahmen so oder so erhöht, der Weg in die Minderung von Ordnung und Information im weitesten

Sinne hat sich – wenn auch nur um ein weniges – beschleunigt. (Groteskerweise erhöht dieser Streich aber das Bruttosozialprodukt: Das Einsetzen einer neuen Tür samt ihren Kosten stockt es auf, genauso wie ein Autounfall mit all den herrlichen Folgekosten: Reparatur oder, noch besser, Neuanschaffung, Operation im Unfallkrankenhaus und so fort. Dies ist die profunde Weisheit der Reichstheologie.)

Ständig sind wir versucht, solche Vergebung und Versöhnung auf den Umgang mit unseren Ressourcen, unserem natürlichen Kapital, unseren Lebensgrundlagen anzuwenden. Oder, was meistens der Fall ist: Wir nehmen Verstöße gegen das fragile Geheimnis des Lebens, die Syntropie, d. h. die ständige Arbeit am und im offenen biosphärischen System, einfach nicht in unseren moralischen Katalog auf. Der Beichtspiegel (oder was die Reichsseelsorge von ihm übriggelassen hat) gruppiert sich um die alten familiär-gesellschaftlichen Ordnungen des Dekalogs, um Treue zu Gott, um Treue zum Nächsten, um die Minimierung all der Reibungen, die im menschlichen Zusammenleben auftreten können. Und eben für die Sünden gegen diese intersozietäre Treue (Verrat, Betrug, Diebstahl, Schädigung an Leib und Seele) sind bis in unsere Zeit hinein die Beichtspiegel, die Bekenntnis-, Reue- und Vergebungsformulare angelegt. Von Treue zu Tier, Pflanze, Stein und Atemgasen ist nicht die Rede.*

So entsteht ein gefährliches Paradox. Die Sünden, die uns nach Väterweise überliefert sind, belasten (eventuell noch) unser Gewissen, die unvergebbaren Vergehen gegen die Zukunft der Welt tun es nicht.

Der kleine Diebstahl macht uns zu schaffen – den Lebensgrundlagen schadet er überhaupt nicht. Das Anlassen des Automotors ist für die Atmosphäre und damit für das Leben

* Dies ist, soweit überschaubar, das Problem aller Religionen jenseits des Animismus. Aus ihrem Konsens ein »Weltethos« zu destillieren, wie dies Hans Küng unternimmt, ist daher wenig zukunftsfähig.

unserer Kinder und Enkel von tödlicher Bedeutung – unser Gewissen läßt das völlig kalt. Und Leute, die darauf aufmerksam machen, werden als lästige Spinner abgetan. Der Diebstahl kann verziehen werden, die irreversible Schädigung der Atmosphäre liegt weit jenseits jeder salvierenden Formel.

Doch selbst wenn uns die objektive Schädigung des Weltganzen durch unser lebensfeindliches Tun klar wird, kommt eine andere Erwägungshilfe aus der moralischen Trickkiste zu Hilfe: die heile Absicht.

Die heil(ig)e Absicht

Das Gambit der heilen (oder heiligen) Absicht steht in engster Verbindung zum Problem der guten Meinung. Es besagt in etwa, daß kleinere Schäden an Welt und Gesellschaft in Kauf genommen werden dürfen, ja müssen, wenn es um die Rettung oder Bewahrung eines höheren Gutes geht.

So ist etwa der Krieg gerecht, wenn die durch ihn hervorgerufenen Schäden das Übel nicht übersteigen, das durch die Gewalt der Verteidigung oder den Sieg des bösen Feindes entsteht oder entstehen könnte.

In Abwehr eines mörderischen Angriffs auf mich und die Meinen darf ich töten: Notwehr.

Allgemeiner gefaßt: Ich darf Kollateralschäden in Kauf nehmen, wenn meine gute Absicht und ihre Wirkungen den Schaden voraussichtlich überwiegen.

Das Prinzip wirkt in der Regel, insbesondere in den Regeln einer komplexen Gesellschaft, mörderisch. Denn innerhalb dieser Regeln wird die Einschätzung der jeweils zu befragenden Werte und Absichten hoffnungslos subjektiv, d. h. hoffnungslos zugunsten des Subjekts ausfallen.

Beispiel: Ich fliege nach Tokio zu einem Kardiologenkongreß, an dem etwa zweitausend Fachkollegen teilnehmen werden. Ein Referat werde ich zwar nicht halten können, aber ich werde die Gelegenheit haben, eine Pinnwand aufzustellen und darauf einige kostbare Erkenntnisse zu heften, die meinen Status in der Kardiologenwelt auf jeden Fall festigen werden. Es ist klar, daß diese hehre Mission die durch den Flug hervorgerufene Schädigung der Lebensgrundlagen aufwiegt.

Ich fliege nach Edinburgh zu einem Seminar von ökologisch engagierten Menschen, etwa vierzig an der Zahl. Natürlich gehe ich davon aus, daß die Abgasschäden, an denen ich mich durch den Kauf eines Lufthansa-Tickets mitschuldig mache, mehr als aufgewogen werden durch meine immense persönliche Wirkung auf diese wichtigen Multiplikatoren, die nun noch inspirierter für das Wohl der Biosphäre kämpfen werden…

Ich fliege zu rüder Erholung nach Mallorca – oh, da wird's schwierig. Der Ballermannflieger pflegt in der Regel keine moralischen Erwägungen anzustellen. Aber peinlich befragt, würde er argumentieren, daß er ein armer geknechteter Lohnsklave unter grauen germanischen Himmeln sei, der wenigstens einmal im Jahr unter südlicher Sonne seinen animalischen Instinkten den nötigen Auslauf gönnen, mit anderen Worten: die Sau herauslassen müsse. Das bißchen Abgas könne man ihm nicht übelnehmen…

Gut, Millionen unserer Zeitgenossen werden nicht befragt und befragen sich selbst nicht, ob sie nun zu Sexzwecken nach Thailand und Sri Lanka oder zu Bridgespielzwecken nach Zypern oder zu Tauchzwecken nach den Malediven fliegen. Wie schon gesagt: Die moralische Kategorie der Erhaltung der Lebensgrundlagen ist in den meisten komplexen Kulturen nie ernsthaft bearbeitet worden.

Vollends mörderisch im wörtlichen Sinne wird die heile Absicht, wenn sie zur heiligen Absicht wird. Dieser Prozeß zieht sich als Mord und Totschlag und Kollateralschäden durch die Geschichte der Jahrhunderte – ob es die Massaker zur Eroberung des Heiligen Grabes oder die flächendeckenden Verwüstungen des Dreißigjährigen Krieges waren. Aber halten wir fest: Im 20. Jahrhundert gab es Theologen wie den Jesuitenpater Gundlach, den Berater des Papstes Pius XII., die den totalen Atombombenkrieg gegen das gottlose Sowjetsystem für moralisch möglich hielten, wenn es darum ginge, Gottes Ordnung in der Welt aufrechtzuerhalten. (Wer das damals als Katholik in Deutschland anders sah und aussprach, hatte erhebliche Unannehmlichkeiten, zumindest die Entfremdung von seinem Milieu, zu erwarten.)

In diesem Licht betrachtet, erscheint der jüngste Triumph der heiligen Absicht, das Septemberattentat gegen die USA, als eine nachträgliche Realisierung des längst theologisch begründeten Entschlusses zur Totalvernichtung, weil nur so die Ordnung Gottes bestätigt, zumindest ihr totaler Feind in einer symbolischen Apokalypse furchtbar enthüllt werden konnte. Man kann durchaus annehmen, daß die Mörder kurz vor dem Aufprall gegen die Twin Towers noch einmal rituell die Größe Allahs ausriefen: Fundamentalismus in extrem konsequenter Anwendung. (Die Kollateralschäden bedachten sie ebensowenig wie vor ihnen Timothy McVeigh oder Pater Gundlach.) Es verbleibt nur die Hoffnung, daß der Gegenschlag nicht ebenso extrem konsequent von heiliger Absicht beflügelt sein wird.

Ein Element, das die schwärzeste heilige Absicht traditionell krönt (oder doch krönen sollte), ist die absolute Todesverachtung, die Entschlossenheit zum Selbstmord. Aber damit stoßen wir auf eine noch tiefere Schicht theologischer, zumindest vortheologischer Problematik: auf das Bild des Todes.

Tod, wo ist dein Stachel?

Vor einigen Jahren wurde eine Enzyklika des Papstes mit dem Titel *Evangelium Vitae* – Frohbotschaft des Lebens – angekündigt. Jeder nicht ganz junge Zeitgenosse fühlte sich sofort an die Enzyklika *Humanae Vitae* Pauls VI. erinnert, die seinerzeit beträchtliches Aufsehen und beträchtliche Kontroversen verursacht hatte. (Sie verwarf sämtliche Formen der Geburtenplanung mit chemischen oder mechanischen Mitteln, was in den Fleischtopfkulturen einfach nicht akzeptiert, in Entwicklungs- und Schwellenländern indes als Parteinahme gegen die »Übervölkerungshysterie« des westlichen Imperiums gesehen wurde und den Papst dort sehr populär machte.)

Jeder historischen Systematik nach, so fühlte man, würde nun von Johannes Paul II. eine umfassende Stellungnahme zum Leben an sich, zur biosphärischen Lage, zu den seit Jahrzehnten laufenden Kontroversen um den Weg der Nachhaltigkeit in die Zukunft hinein ergehen. Man war entsprechend gespannt.

Die Enzyklika war eine herbe Enttäuschung. Gewiß, sie wandte sich unmißverständlich gegen alle Formen der Lebensverweigerung oder -verkürzung am Anfang und am Ende, plädierte für ein volles und freudiges Ja auch zu ungeborenem, behindertem, welkendem menschlichem Leben, und das in einer leidenschaftlichen Sprache, die sich wohltuend von der sonst üblichen Salbung kurialer Texte unterschied. Was jedoch über nichtmenschliches, also über Leben im weitesten systematischen Sinne gesagt wurde, war kläglich und letzten Endes lächerlich.

In zwei von über zweihundert numerierten Kapiteln wurde Bezug auf nichtmenschliches Leben genommen; zunächst wurde ganz allgemein die Frage gestellt, wie der Tod in die Welt kam – Antwort: wohl doch durch die Sünde. Und viel weiter hinten im Text war noch von Teilen der Schöpfung die Rede, auf die das »Licht des Lebens schwächer fällt« – also wohl die ganze nichtmenschliche Biosphäre.

Das ist unbegreiflich. Der Tod ist, was auf der Hand liegt, eine ungemein wichtige, vielleicht die wichtigste Verkehrsform des Lebens. Jesus hat wiederholt über diesen Zusammenhang gesprochen – über das Weizenkorn, das im Acker sterben muß, wenn es Frucht bringen soll, über das Leben, das man verlieren muß, um es zu gewinnen, und vieles mehr. Der Tod stellt nicht nur die stete Regeneration sicher, sondern schafft die

Möglichkeiten für weitere evolutionäre Lebensentfaltung. Wenn der Tod gefürchtet wird, wenn er der ganz Fremde ist, den wir sozusagen Schulter an Schulter mit dem Satan erleben, dann gibt es dafür einen einzigen Grund: die Furcht vor dem Erlöschen unseres individuellen Bewußtseins – und das Verschwinden eines Mitmenschen, eines Du, das plötzlich mitten in den Geweben und Bildern des Lebens einen Riß, einen schwarzen Fleck hinterläßt.

Dies ist die Welt der Trauer – verbeugen wir uns vor ihr in Anteilnahme. Aber sie sollte uns nicht dazu verführen, in Todespanik, d. h. in kollektive Todespanik zu verfallen. Die Theologie, das erheischt die Weltstunde, sollte sich aufs neue mit diesem zwieschlächtigen, zweideutigen Bild des Todes befassen. Es ist höchste Zeit dazu.

Während wir nach wie vor Christus als den Erstgeborenen besingen, der den Tod besiegt hat, drängt ringsumher die Reichsreligion auf dessen faktische Abschaffung. Nachrichten aus den USA besagen, daß man in diesem angebrochenen Jahrhundert die Lebensdauer zumindest verdoppeln will, wenn sie sich nicht überhaupt asymptotisch der Unsterblichkeit nähert.

Ein Konzept des Wahnsinns. Zumindest ein Konzept, das uns dem Wahnsinn zutreiben sollte, wenn wir noch bei Verstand sind. Aber es paßt in eine Epoche, in der immer mehr von dem, was man juristisch höhere Gewalt, *act of God*, nennt, in die Entscheidungsmacht des Menschen gerät. Am Anfang wie am Ende menschlichen Lebens werden immer mehr Entscheidungen auf Leben und Tod fallen müssen, die seit Entstehung der Welt bis zur Mitte des 20. Jahrhunderts nicht von uns gefällt werden mußten. Schon heute kann es passieren, daß die ganze Verwandtschaft über eine werdende Mutter herfällt, weil sie sich weigert, ihre Leibesfrucht pränatal auf eventuelle Schädigungen überprüfen zu lassen, sondern sich auf die Weisheit der Natur, christlich gesprochen, auf die Vorsehung verläßt, so wie es naturgemäß Millionen und Millarden von Müttern seit der Entstehung des Menschen taten, tun mußten.

Gleiches steht demnächst für Greise und Greisinnen oder auch für ihre Sippe ins Haus: Sollen, dürfen sie von jenem molekularen Jungbrunnen schlürfen, der wissenschaftlich Telomerase heißt und der ihnen das Weiterleben, sagen wir, bis 2250 ermöglicht? Wie steht es ums Familienerbe? Wie steht es um die Ressourcen, die wachsende Armeen von Pseudounsterblichen aus dem begrenzten Fundus des Planeten beanspruchen? Wie steht es, um das nicht zu vergessen, um ihre eigene Seele, die alle Weihnachten oder Silvester ein müdes Augenlid hebt, um festzustellen, daß alles immer monotoner, immer langweiliger wird?

Vor allem aber: Wie steht es um den natürlich vorgesehenen, den nicht wegzudenkenden Platz der Jugend im Zukunftsprogramm der Menschheit?

Schon heute spielt sie in den Fleischtopfkulturen die Rolle einer Minderheit. Junge Menschen bemühten sich, nach dem Rezept der Bürgerinitiativen vorzugehen und etwa die Politik aufzufordern, die Rechte der Jugend verfassungsmäßig zu verankern, doch sie haben nie die notwendige Aufmerksamkeit der Öffentlichkeit gefunden. Die Öffentlichkeit (wer immer das ist) weiß zu genau, daß eine echte, konkrete Garantie der Lebensrechte der Jugend das Ende der Reichsreligion bedeuten würde. Die Rechte der Jugend fallen nämlich mit dem Schicksal der planetarischen Ressourcen zusammen. Die sind, wie sattsam bekannt, dem ungehemmten Zugriff der Lebenden, genauer: der Fleischtopfkulturen, ausgeliefert; und es ist einfach empörend, uns zwingen zu wollen, Aussagen darüber zu machen, wie das weitergehen soll.

Es kommen also, ob wir wollen oder nicht, ungeheure Entscheidungen auf uns zu; und die Kirchen sind bisher ziemlich schlecht gerüstet, an ihnen mitzuwirken. Sie lassen sich in Ethikkommissionen einladen, bei denen man von vornherein weiß, daß sie den TINA-Prozeß höchstens garnieren, aber nicht aufhalten werden.

Aber die Kirchen befinden sich, was Leben und Tod betrifft,

ohnehin in einer heiklen Lage. Im Grunde ist das ethische System, mit dem sie menschliches Leben argumentativ schützen wollen, schon vor geraumer Zeit zusammengebrochen; es hat mit einem aristotelisch-scholastischen Naturrecht gearbeitet, das letzten Endes auf dem Recht der Natur besteht, jedes einmal gezeugte Menschenwesen, jeden Akt, der dazu führen kann, gegen jeden Eingriff von außen abzuschirmen. Nun ist aber die hohe Geburtenrate, welche die Natur vorgesehen hat, auf eine ebenfalls sehr hohe Sterberate ausgelegt; die Stammbäume vergangener Generationen bis weit ins 19. Jahrhundert hinein zeigen dies unerbittlich. Erst die immer umfassenderen Möglichkeiten der Medizin und (noch mehr) der persönlichen und sozialen Hygiene ließen die Zahl der Kindersärge entscheidend schrumpfen; zuletzt in der sogenannten dritten Welt. Widerstand gegen diese Entwicklung wurde von keiner Kirche geleistet, im Gegenteil: Die christliche Mission kann sich rühmen, an vorderster Front gegen dieses alte Übel gekämpft zu haben und zu kämpfen.

Ist aber erst einmal klar, daß der Kampf gegen alle Arten von Krankheit nicht nur erlaubt, sondern tugendhaft ist, hat man sich selbst das entscheidende naturrechtliche Argument aus den Händen geschlagen. Seitdem liegt die Natur schief, vielmehr: die Menschheit liegt schief in der Natur. (Es läßt sich kaum leugnen, daß die Verschiebung mit der neolithischen Agrarrevolution begonnen hat – mit dem Ackerbauern und Nomadenmörder Kain.) Und diese Schieflage wird zur Rutschkatastrophe, wenn wir nicht lernen, der Bevölkerungsproblematik und der Ressourcen- und Energievergeudung mit radikalen, d. h. an die Wurzel gehenden, und würdevollen Mitteln entgegenzutreten. Entscheidungen auf Leben und Tod werden dabei unentbehrlich sein.

Die Erhaltung einer bewohnbaren Welt für den Menschen ist also alles andere als eine »Rückkehr zur Natur«. Sie ist die höchste kulturelle Leistung, die uns bislang abverlangt wurde. Sie erfordert deshalb auch eine theologische Perspektive, welche die nichtmenschliche Lebenswelt in die heilsgeschichtliche Erörterung und Betrachtung einbezieht.

Belassen wir es bei diesen wenigen Hindernisbeispielen, denen man sicher noch andere hinzufügen könnte. Treten wir in die nähere Betrachtung des heils- und zivilisationsgeschichtlichen Auftrags ein, differenzieren wir seine notwendigen Ziele und fragen wir bei dieser Gelegenheit: Über welche Ressourcen verfügen die Kirchen (noch), die sie im unbedingt notwendigen Ringen um eine bewohnbare Zukunft gegen die Zerstörungskraft der Reichsreligion einsetzen können?

3 Ziele und Ressourcen

Das oberste Ziel ist klar: Es geht darum, die Möglichkeit einer für Menschen bewohnbaren, möglichst sogar in Würde bewohnbaren Zukunft zu erhalten.

Dieses Ziel ist, das muß wieder und wieder betont werden, ein kulturelles Ziel. »Natürliches« Verhalten ist allemal opportunistisch, ist allemal das Bierhefeprogramm des unbekümmerten Raffens von Ressourcen. Kombiniert man dieses Programm mit dem immensen Intelligenzvorsprung der Art *homo sapiens sapiens*, ergibt sich unter den Bedingungen der Biosphäre eine recht kurze kollektive Lebensspanne – vielleicht fünfhundert Generationen.

Da die Reichsreligion des Totalen Marktes nichts anderes ist als die höchste intellektuelle und gesellschaftliche Ausformung des Bierhefeprogramms, ergibt sich zwingend, daß eine bewohnbare Zukunft nur durch entschlossenen Widerstand gegen diese Reichsreligion, ihre Theorie und Praxis, erreichbar ist. Für die Kirchen wird solcher Widerstand also unabweislich zu einer Notwendigkeit nicht nur der Welt-, sondern auch der Heilsgeschichte.

Das schließt Zusammenarbeit mit allen gesellschaftlichen Kräften, die diese Notwendigkeit erkennen, nicht nur nicht aus, sondern macht sie gebieterisch erforderlich. (Daß Terrorismus, der ohnehin nur kontraproduktiv wirken würde, nicht zu diesen Kräften gehört, versteht sich von selbst.)

Nun sind viele solcher Kräfte längst entstanden und teilweise vor den Kirchen tätig geworden, und längst haben sich engagierte Christen in ihren Reihen eingefunden. Auf keinen Fall darf der Eindruck entstehen, daß sich die Kirchen jetzt korporativ an die Spitze oder auf den Feldherrnhügel solcher Allianzen setzen oder daß sie ihnen eine bestimmte Richtung aufnötigen, die den zivilgesellschaftlichen Konsens nur verengen würde. Aber es ist nicht nur vorstellbar, sondern wahrscheinlich, daß kirchliche Gruppen oder Persönlichkeiten zu Kristallisationspunkten konkreten Vorgehens werden.*

Dabei hat man sich für kurz- wie langfristige Strategien des Widerstands zu rüsten – wobei die kurzen Fristen solchen Widerstandes sowohl der Geschäftswelt als auch der Politik immer noch reichlich lang, in der Regel zu lang erscheinen werden. Zuallererst geht es um eine nüchterne Bestandsaufnahme der Ressourcen, die den Kirchen hierfür (noch) zur Verfügung stehen, in erster Linie um die Ressourcen in den Fleischtopfkulturen, im engeren Sinn um das Sklavenhaus Europäische Union.

Auf den zweiten Blick

Eine irgendwie revolutionäre Situation ist da nicht auszumachen, im Gegenteil: Es besteht die Gefahr, daß sich angesichts eines internationalen Terrorismus die durch und durch reaktionäre Gesellschaft der Singles und Ein-Kind-Familien zu einem hysterischen High-Tech-Block zusammenschließt, an dem alle wahrhaft innovativen Ideen abprallen.

Notwendig ist vielmehr ein durchdachter »innerer Exodus«, der mit den (noch) vorhandenen Ressourcen umzugehen weiß.

Über die gegenwärtige Misere der Kirchen wurde schon gesprochen; aber auf den zweiten Blick gewahrt man doch statt-

* Hier sei auf die äußerst positive Rolle von Kardinal Tettamanzi bei dem konfliktgeladenen Gipfeltreffen 2001 in Genua verwiesen.

liche materielle und immaterielle Guthaben, die der Nivellierungsprozeß des Mammonismus noch nicht niedergebügelt hat.

Da gibt es Bodenbesitz, Gebäudekomplexe, jede Menge große Kirchendächer in Südlage; da gibt es noch die überdurchschnittliche, oft sogar opferbereite Loyalität einer gar nicht kleinen Minderheit; da gibt es soziale Einrichtungen und erprobte Formen der kleinräumigen Organisation und der unmittelbaren Ansprache; da gibt es, mehr als früher, kritische Aktivisten, für die der Dialog und die Zusammenarbeit mit ebenso kritischen Weltkindern keine Anstrengung, sondern die Entdeckung synergetisch nutzbarer Energien bedeutet.

Vor allem aber ist eine Ressource sichtbar, über die die Kirchen im Gegensatz zu den meisten Parteigängern der Fleischtopfkultur verfügen (auch ihrer Dissidenten, die oft genug schon von der zappeligen Flüchtigkeit der avancierten Reichsseelsorge angesteckt worden sind): Der lange Atem.

Der lange Atem

Um diese Ressource, diesen relativen Vorteil zu erkennen, braucht man keineswegs das römisch-kuriale Pathos des *ci pensiamo in secoli* – wir denken hier in Jahrhunderten – zu bemühen, das ohnehin meist auf Selbsttäuschung beruht; es geht vielmehr um einen schlichten Vorteil, den die Kirchen selbst manchmal nicht als solchen empfinden: Sie brauchen nicht der Demoskopie hinterherzuhecheln, noch schnüffeln die Aktionäre und Pensionsfonds in ihren Quartalsbilanzen herum. Sie brauchen sich nicht am Wachstum des »Brutalsozialprodukts« messen zu lassen; sie können (oder könnten) es sich leisten, das Wachstum der Wälder zu bedenken – und das ist letzten, d. h. biosphärischen Endes der richtige Maßstab.

Wälder wachsen langsam. Und Langsamkeit, Entschleunigung, ist heute ein dringlicher evolutionärer Auftrag, vielleicht der dringlichste. Wer sich, wie die Kirchen, frei wissen darf (oder frei wissen sollte) von den Sachzwängen der digitalen Beschleunigung, der kann nicht umhin, diesen Auftrag als den seinen zu erkennen. Er ist vorgebildet, vorerfahren in den Einzelheiten des karitativen Wirkens, in den Behindertenwerkstätten, den Diakonien, der Obdachlosenfürsorge, in den ganzen, noch durchaus erkennbaren Provinzen der Caritas, die von Politik und Wirtschaft oft schamlos genug als Wohlstandsmüllentsorger geschätzt und benutzt werden.

Gewiß, es gibt genug Landeskirchenkämmerer, Diözesankämmerer, kirchliche Bankiers, Ordenspriore, die in unseren Zeiten sorgenvoll auf die Börsenkurse spähen, Massenbatterien von Legehühnern anlegen, Ackerland in ertragreichere Golfplätze verwandeln, kurz: manchmal recht kompetent mitpokern im Neurosenklima der Finanzwelt. Man braucht sie nicht auf der Stelle zu verdonnern, sie haben es nicht besser gelernt in der harten Schule der abendländischen Geschichte, spätestens seit Avignon. Aber die Kirchen sollten sich klarmachen, daß das nicht einmal eine vorläufige Antwort auf die Weltkrise sein kann und darf.

Es geht keineswegs um eine neue Utopie, das wäre eine traurige Illusion. Es geht vielmehr um den Kampf gegen die sehr schlechte, in der wir leben. Es geht um beständige, zukunftsfähige Formen der Reproduktion und des Zusammenlebens der Menschen, deren globale Grenzlinien (wohl zum ersten Mal in der Geschichte) durch klare, wissenschaftlich verifizierbare Forderungen der Thermodynamik und der Entropie gezogen werden.

Das muß man sagen. Das müssen auch die Kirchen laut und deutlich sagen. Und da hapert es – noch.

Tatsächlich gibt es eine Menge Anzeichen, daß die Größe der Krise, wenn auch nicht immer deutlich, gespürt wird. Auf fast allen alternativen Feldern sind kirchlich engagierte Christen und Christinnen tätig. Sie organisieren den fairen Handel mit der dritten Welt. Sie stützen als christliche Landjugend den Übergang zu ökologischer Agrikultur. Sie wirken in den sogenannten Agenda-21-Gruppen mit, die sich um Ausweitung regionaler Kompetenzen und regionaler Nachhaltigkeit bemühen. Sie setzen Sonnenkollektoren auf Scheunendächer, organisieren Schulungskurse für diese und jene Bewußtseinsprozesse. Die deutsche Caritas erstellt zusammen mit dem Wuppertaler Umweltinstitut einen gewichtigen und detailreichen Band mit dem Titel *Zukunftsfähiges Deutschland*, der durchaus befahrbare Gleise in die Zukunft legt.

Und die Kirchenleitungen? Die Oberhirten? Nun, es sind genug Äußerungen des Papstes bekannt, die auf ein sehr kritisches Verhältnis zum Kapitalismus schließen lassen. Die Hirtenbriefe des amerikanischen Episkopats lesen sich auch nicht schlecht, ganz abgesehen von den fast schon subversiven Positionen des Weltkirchenrates. In Deutschland gab es handfeste Ermahnungen zur sozialen Frage, zum Umgang mit Ausländern, sogar zum Problem der Atomwirtschaft, die von den großen Kirchen gemeinsam hinausgesandt wurden.

Aber gerade am Schicksal dieser Verlautbarungen läßt sich das große Mißverständnis demonstrieren.

Was geschieht denn in der Regel, wenn so ein Papier, z. B. über die Sozialverantwortlichkeit der Wirtschaft, das Licht der deutschen Öffentlichkeit erblickt? So viel Aufregung wie etwa in der Adenauerzeit erregt es schon lange nicht mehr, Wählerblöcke können die Kirchen nicht mehr abliefern, aber die weltlich-politischen Instanzen werden sich noch äußern.

Die Gewerkschaften werden es begrüßen, natürlich.

Die Arbeitgeber begrüßen es auch, weisen aber darauf hin, daß neue Arbeitsplätze nur durch innovative Flexibilität geschaffen werden können.

Die Christdemokraten werden betonen, daß sie immer schon für soziale Marktwirtschaft stehen, aber natürlich für eine freie, unter Berücksichtigung des Rechts auf Eigentum.

Die Sozialdemokraten werden eine bemerkenswerte Gemeinsamkeit der Standpunkte feststellen, was die Güterabwägung der sozialen und ökonomischen Faktoren betrifft.

Sogar die Freidemokraten werden es begrüßen und lediglich kritisch bemerken, daß es nicht zu Ende gedacht sei: Nur bei Abbau von bürokratischen Behinderungen durch die Politik werde der Standort Deutschland so attraktiv, daß wieder mit Investitionen und damit mit zusätzlichen Arbeitsplätzen und mehr Wohlstand für alle gerechnet werden könne.

Das war's, die Ehrenrunde ist gedreht, und bei der Eröffnung der Woche der Brüderlichkeit sitzen die byzantinischen und altdeutschen Trachten wieder in der ersten Reihe.

Was da aufrechterhalten wird, ist die Illusion einer wirklich weisungsfreien, offenen Gesellschaft: Danach werden Dialog wie Kontroverse von gleichberechtigten Partnern betrieben, woraus dann so etwas wie der gesellschaftliche Gesamtkonsens erwächst. Es ist die alte, treuherzige These von den »drei Händen«, die sich gegenseitig stützen und unterstützen, einander kontrollieren, gelegentlich sogar miteinander in Konflikt geraten, aber letzten Endes das Gleichgewicht der Gesellschaft aufrechterhalten: das politisch-juristische, das wirtschaftliche und das sozial-kulturelle System. Die Kirchen sind, so gesehen, ein Teil des letzteren. Davon kann, wie gezeigt, nicht mehr die Rede sein. Gewiß, in Krisenzeiten taucht der historische Leviathan, der Machtstaat, wieder auf, scheint den Primat des Marktes wieder zurückzudrängen; aber bei genauerem Hinsehen ist festzustellen, daß dies meist auf Kosten liberaler staatsbürgerlicher Freiheiten geht, während dem Mammon neue Opfergaben der Hochrüstung und Subventionierung dargebracht werden.

(Typisch ist etwa, daß nach dem 11. September der hypertrophe Flugbetrieb mit seinen vielen politischen und wirtschaftlichen Begünstigungen nicht eingeschränkt wurde, wohl aber die arglosen Passagiere den entwürdigendsten Kontrollen unterworfen und die Befugnisse staatlicher Schnüffler ganz allgemein erweitert wurden.) Der Erosionsprozeß oder – um beim zuvor angeführten Bild zu bleiben – der Muskelschwund der beiden andern Hände geht also weiter, solange die heilige Grundvoraussetzung des WACHSTUMS nicht angetastet wird. Erst durch diesen Erosionsprozeß entstand und wächst die Allmacht, die Alternativlosigkeit des Totalen Marktes, und damit zwangsläufig das Problem für die Kirchen.

Status confessionis?

Das Problem ist: Fordert das christliche Bekenntnis hier und heute die offene Ablehnung des Totalen Marktes? Der Nachdruck liegt dabei, es ist klar, auf dem Adjektiv TOTAL. Ist, um es noch genauer einzukreisen, der Totale Markt ein Totalitarismus? Ist er das, dann ist wohl zweifelsfrei der *status confessionis* gegeben. Dann ist die Konfrontation so unvermeidlich, wie sie es im römischen Imperium vor 312 war.

(Im Grunde ist es auch unerheblich, ob dieser Totalitarismus strikt religionswissenschaftlich als Reichsreligion definiert wird oder nicht; seine Auswirkungen sind jedenfalls größer und verderblicher als die irgendeiner noch so blutigen Heilslehre.)

Ist jedoch die offene Ablehnung unvermeidlich, dann sind es auch ihre unmittelbaren Konsequenzen für die Kirchenleitungen.

Das Bekenntnis, die Konfrontation, muß dann unmißverständlich erfolgen, darf keine wachsweichen Interpretationen in Richtung »menschlicher Unvollkommenheit«, »fehlgeleiteten Schöpfungsdrangs« und dergleichen zulassen. Es ist selbstverständlich, daß gezielte persönliche Diffamierungen dabei nichts zu suchen haben; nicht nur, weil sie einer humanen Debattenkultur nicht angemessen, sondern weil sie kraß irreführend sind.

Aber es gilt, eine Grauzone der Unentschiedenheit, eine auf überholten historischen Modellen beruhende Vorstellung der gesellschaftlichen Kohabitation zu beseitigen – und damit, ohne theatralische Bewegungen, den Exodus einzuleiten und zu vollziehen.

Es wird dann freilich deutlich gesprochen werden müssen, ob gelegen oder ungelegen. Und das wird sehr rasch Konsequenzen haben. Sie werden bei uns im Schengener Europa zunächst nicht einmal von einer unwirschen politischen Klasse ausgehen, sondern von der Wut der Mehrheiten, denen zumindest schweigend zugemutet werden müßte, sich von der Seelsorge der Reichsreligion abzunabeln. Nicht paramilitärische Killer wären zu fürchten, sondern etwa der Blutdurst von Urlauberhorden, denen man den Charterflug nach Mallorca durch eine christliche Sitzblockade auf der Rollbahn vermiest.

Von entscheidender Wichtigkeit wird sein, was sich in Predigt, Öffentlichkeitsarbeit und Religionsunterricht ereignet. Kann man, wenn die Konfrontation mit dem Mammonismus zum *status confessionis* würde, noch die Existenz einer »kognitiven Minderheit« durchhalten, die sich den Totalanspruch der Reichsreligion schweigsam gefallen läßt – oder ihm nur schweigsam ausweicht?

Vor dieser Frage werden zunächst die nationalen oder regionalen Kirchenleitungen stehen. (Herrn Camdessus in der päpstlichen Kommission *Iustitia et Pax* lassen wir vorläufig einmal beiseite.) Sie werden eindeutig Partei ergreifen müssen für die Aktivisten, die schon bisher auf allen möglichen Gebieten und in allen möglichen Kombinationen und Allianzen das Wachstum der Alternative zu fördern versuchen. Sie werden versuchen müssen, die Verwobenheit von Heils- und Naturgeschichte und damit die Verpflichtung zu einer neuen, christlich bestimmten Alternative zum zentralen Thema nicht nur der innerkirchlichen, sondern der intersozietären Diskussion zu machen.

Da jedoch lebendige Beispiele, lebendige Bilder mächtiger sind als die Worte der Prediger, wird sich das äußere Erscheinungsbild der Kirchen entsprechend wandeln müssen.

Heraus aus der Kleiderkammer

Von großer Bedeutung wird dabei der öffentliche Eindruck sein, den die Kirchenleitungen selbst hervorrufen. Solange sie sich (mit löblichen Ausnahmen) eines letzten Endes hierarchisch-offiziösen Stils der Selbstdarstellung bedienen, werden verbale Parteinahmen, und seien sie noch so radikal, letzten Endes nur ein Achselzucken hervorrufen.

Zu fragen wäre: Warum fährt der Bischof/die Bischöfin einen repräsentativen Pkw?

Ist er, wenn schon unentbehrlich, auf Pflanzenölmotor umgerüstet?

Ist das Reisen in öffentlichen Verkehrsmitteln unzumutbar?

Sind die kirchlichen Baulichkeiten, sind Klöster und Diakonien und christlich geführte Krankenhäuser energetisch auf Nachhaltigkeit umgerüstet oder werden sie umgerüstet?

Sind sie bereit, die eigene Tätigkeit als Wirtschaftssubjekte (z. B. Rahmenverträge über Stromlieferung, Rolle der Finanzkammern als institutionelle Anleger) auf ihre Vereinbarkeit mit dem Nachhaltigkeitsauftrag zu überprüfen?

Das sind ziemlich beliebige Beispiele, sie ließen sich vermehren. Letzten Endes sind sie alle historisch-metaphorisch in die Frage zusammenzufassen: Ist man bereit zum Auszug aus der byzantinischen Kleiderkammer?

Protokollfragen letztendlich, gewiß. Aber man sollte ihre Bedeutung nicht unterschätzen.

Darüber hinaus gibt es, durchaus in Verlängerung existierender Initiativen, die Möglichkeit, vielleicht sogar den zivilisatorischen Auftrag, dem Totalen Markt Räume der alten Allmende zu entreißen, die er sich in wachsendem Siegeslauf bereits angeeignet hat.

Es geht also um eine Orthopraxie, um zuversichtlich-legitimes Handeln gegen den Mammon im »wirklichen Leben«. Und es gibt zwei Größen, zwei Füße (tönerne Füße), auf denen das Idol des Tieres aus der Tiefe steht: Geld – und Energie. Sie sind die Hauptstützen der technokratisch-finanziellen Globalherrschaft; und sie sind die Hauptfaktoren der biosphärischen Zerstörung.

Genau gegen sie wäre ein entschlossener Stoß zu führen. Und die Kirchen wären durchaus in der Lage, ihn vorzubereiten und mitzutragen.

4 Die Füße des Idols – I

Energie – das ist ein vieldeutiger Begriff. Es ist daher von Nutzen, zunächst einige seiner Bedeutungen zu klären.

Energie innen, Energie außen

Alte Leute, die in humanistisch und/oder religiös geprägten Familien aufwuchsen, haben in ihrer Lebenszeit erfahren, wie sich seine Bedeutung wandeln kann. Wenn besorgte oder anspornende Eltern von Energie redeten, meinten sie natürlich weder Strom noch Erdöl, sondern die Kraft des Willens und der Intelligenz, die man selbst zu mobilisieren habe, um lohnende Lebensziele (oft auch nur Zwischenziele wie ein gutes Jahreszeugnis) zu erreichen.

Heute ist es zentrales, wenn auch nicht erklärtes Ziel der Energiepolitik, genau diese menschliche »Binnenenergie« unwichtig zu machen. Man kann dies historisch belegen, etwa durch das Schicksal sogenannter Primitiver wie der nordamerikanischen Indianer: Die individuelle Energie pro Kopf, die sie in den Widerstand investieren konnten, war vermutlich um ein Vielfaches höher als die der Weißen, gegen die sie kämpften. Diese verfügten aber über organisatorische und materielle Energien in solcher Fülle, daß das Resultat des Konflikts nie in Frage stand. Unsere Zivilisation hat sich das längst gemerkt, und folglich ist die unmittelbare Vorstellung, die wir mit dem

Wort Energie verbinden, die Vorstellung von »Pferdestärken«, übersetzt in Motorleistung, von Wärme und Strom – eine Prothesenenergie, die unsere zivilisatorisch bedingten Unzulänglichkeiten in rauher Landschaft mehr als ausgleicht. (Dies ist die gegen die Taliban aufgemachte Rechnung.)

Nun ist nicht der kleinste Zweifel mehr möglich, daß die Selbstzerstörung der menschlichen Kultur nicht verhindert werden kann ohne eine große Energiekonversion; eine Konversion, die möglichst rasch und möglichst radikal die Energiefreisetzung aus fossil-nuklearem Material beendet. Diese Konversion ruht, wenn sie gelingen soll, auf drei Säulen:

Substitution
Effizienzrevolution
Suffizienzrevolution.

Erste Säule: Substitution

Die erste Säule, die Substitution, ist bekannt und einleuchtend: Sie bedeutet den möglichst restlosen und rastlosen Ersatz der fossil-nuklearen Primärenergiebasis, also den Ersatz von Kohle, Erdöl und Uran, durch regenerative, letzten Endes solare Energien wie Sonnenwärme, Photovoltaik, Wind, Wasser und nachwachsende Biomasse. Dann wird Energie nicht mehr »verbraucht«, sondern verwertet. Die Konversion ist technisch möglich, zumindest theoretisch ist sie längst durchdacht. Und die Kirchen können praktisch ziemlich viel dazu beitragen. Man denke nur an die Tausende von Quadratmetern Kirchendach in Südlage, die Strom und Wärme nicht nur für den Eigenbedarf, sondern auch für Tausende, Zehntausende von Haushalten erzeugen könnten. (Eine evangelische Kirchengemeinde in Schönau im Schwarzwald, die dies verwirklichte, nannte ihr Photovoltaikdach »Schöpfungsfenster«.) Man denke an den immer noch erheblichen Landbesitz – und vor allem an die überdurchschnittliche Loyalität der Gläubigen, die immer noch zu »Schenkungen« von Ressourcen und persönlicher Energie motiviert werden können.

Doch in der politisch-gesellschaftlichen Wirklichkeit ist die restlose Substitution nach bisherigen Maßstäben, Kilowatt für Kilowatt, Megawatt für Megawatt, nur in Generationen, also viel zu spät, zu verwirklichen, wenn neben ihr nicht die zweite Säule errichtet wird: die Effizienzrevolution.

Zweite Säule: Effizienz

Ihr Prinzip ist einsichtig: Jeder Energie- bzw. Energieleistungsbedarf wird daraufhin überprüft, ob er nicht mit wesentlich weniger, vielleicht nur mit einem Bruchteil des bisherigen Primärenergieeinsatzes befriedigt werden kann; ob die gewaltigen Mengen verpulverter Abwärme nicht für Heizung oder Strom genutzt; ob nicht in einem Energiesystem wie etwa einem Krankenhaus, einer Diakonie, einer Berufsschule, einem Bürokomplex Rationalisierungen vorgenommen werden könnten, die den Verbrauch ohne teure (und energiefressende) Umbauten drastisch absenken.

Beispiele gibt es genug: Elektrogeräte und Glühbirnen mit gewaltiger Leistungsverbesserung, Nutzung von Computerabwärme zu Heizungszwecken, Doppelt- und Dreifachverglasung und andere Methoden der Wärmedämmung, vor allem aber Vervielfachung von Energieeffizienz im weitesten Sinne, wenn man synergetische Zusammenhänge herstellt und nutzt.

Auch hier, soviel kann man sagen, sind die Kirchen in Deutschland auf gutem Wege. Ein handfester Grund dafür ist schon die Minderung der Finanzkraft durch Kirchenaustritte (und andere Seelsorgeerfolge der Reichsreligion wie etwa Steuerhinterziehung). Es gibt motivierte Gemeinden, die Wärme- und Stromrechnung für Kirche und Pfarrzentrum von einem Jahr aufs andere um fast die Hälfte gesenkt haben.

Nun hat aber Effizienzverbesserung bereits seit Jahrhunderten stattgefunden. Vom offenen Herdfeuer zum Kamin; vom Kamin zum Kachelofen hat sich die Komfortleistung aus, sagen wir, einem Buchenkloben gewaltig vervielfacht. Aber selbst die eifrigsten Befürworter der Effizienzsteigerung sehen sich der Tatsache gegenüber, daß bisher noch jede zu einer Erhöhung des Komforts, doch fast nie zu einer merklichen Senkung des Energieverbrauchs geführt hat: Die Liebe des neuzeitlichen Menschen zur Fremdenergie ist unersättlich. Es wird schwer sein zu verhindern, daß Effizienzgewinne im großen ganzen nicht einfach in Steigerung der Bequemlichkeit übersetzt werden – was ganz im Sinne der Marketingseelsorge wäre. Und das bedeutet wiederum, daß die Effizienzrevolution an und für sich auch noch zu langsam vonstatten geht, als daß sie die biosphärische Katastrophe merklich beeinflussen könnte.

Deshalb ist auch die dritte Säule unbedingt notwendig: die Suffizienzrevolution.

Dritte Säule: Suffizienzrevolution als Kulturrevolution

Sie wäre die gewaltigste überhaupt. Sie würde Energien freisetzen, eben jene Binnenenergien, die älteren Kulturen wohlvertraut waren, die wir Gegenwärtigen jedoch unter sorgfältiger Anleitung durch die Reichsseelsorge fast völlig tabuisiert und für Fitneßstudios, Schlankheitsdiäten und Leistungssport reserviert haben. Binnenenergien: Das sind die Tugenden des Trainings zur Freiheit, jenes Trainings (auch und gerade im Sportbereich), das die Griechen seinerzeit *askesis* nannten.

Askese, Verzicht? Um Gottes willen! Sehr richtig. Denn in der Tat haben große Männer und Frauen der Vergangenheit um Gottes willen Verzicht geleistet; sie wußten aber gleichzeitig sehr genau, daß es dabei um innere Freiheit – nach heutigem Sprachgebrauch um Emanzipation – ging. Unsere Fleischtopfkultur, die doch so innig von Selbstverwirklichung schwärmt, kann sich das einfach nicht vorstellen, wie sie sich ja auch Selbstverwirklichung durch lange Jahre ehelicher Treue kaum mehr vorstellen kann.

Dabei war für den historischen Aufbau des Totalen Marktes in der Phase der ursprünglichen Akkumulation die geradezu ekelhafte Askese, der härteste Bedürfnisstau, heilige Bürgerpflicht. Der Gründer der Dynastie Rockefeller pflegte den Bettler, dem er zehn Cent gab, zu ermahnen, fünf davon nicht zu verbrauchen, sondern zu investieren – Bedürfnisstau, das bedeutet Askese von wahrhaft heroischen Ausmaßen.

Im Zeitalter des Marketing und der Überproduktion ist das natürlich passé, ist sogar ein ganz schlimmer Verstoß gegen den der Postmoderne geschuldeten Konsumismus. Heute erdulden wir weitgehend unbewußt eine laufende Infantilisierung unseres Konsumbewußtseins, die im krassen Gegensatz zu den hehren Idealen der Demokratie (und der kapitalistischen Ahnen) steht. Dagegen sollten wir uns trainieren – so ist die Suffizienzrevolution gemeint.

Auf Energieverbrauch im engeren Sinne angewandt, bedeutet Training/Askese nichts anderes als die Wiederherstellung der Energiesouveränität. Auch Prediger der Energiekonversion, die bei dem Wort »Verzicht« reflexhaft zusammenzukken, rechnen damit, daß etwa Solarstromdächer die darunter Wohnenden zu bewußterem, d. h. sparsamerem und durchdachtem Umgang mit Energie insgesamt erziehen und daß dies die Schadstoffemissionen mindestens genauso reduzieren wird wie die Sonnensubstitution. Ähnliches gilt im Verkehrsbereich, in dem mindestens fünfzig Prozent des Individualverkehrs überhaupt nicht durch sachliche Notwendigkeit bedingt ist, sondern durch die Versklavung an Bequemlichkeit und durch emotionales Statusgewölk.

Das ist, bei Licht besehen, gänzlich nüchterne, unschwärmerische Askese zum Zwecke der Souveränitätsrückgewinnung. Menschen, die noch an ihrer Loyalität zur Kirche festhalten, ließen sich, wenn erst mit der biosphärischen Verantwortungsperspektive vertraut, zu Projektgemeinschaften ermuntern, in denen gründlicher, da in der Kommunität zu verwirklichender Umbau der Bedürfnisse als Dienst an der Zukunft begriffen, geplant und angegangen wird. (Man könnte das alles auch frömmer ausdrücken, aber warum den mißtrauischen Leser erschrecken? Schließlich, wenn man genau hinsieht, ergeben sich sogar Profite …)

Solche Projekte rufen natürlich nach ökumenischer Zusammenarbeit und darüber hinaus nach der Allianz mit den Kräften der Zivilgesellschaft, die eine solche Perspektive teilen. In örtlichen Zentren der deutschen Agenda 21 zum Beispiel finden sich schon heute eine Menge Ansätze und eine Menge guten Willens, die (ebenso wie im Finanzbereich) ziemlich rasch zu Taten werden könnten.

Entscheidend ist, daß die eine Ressource herangezogen wird, deren Existenz wir, nach der Absicht der Reichsseelsorge, tunlichst vergessen oder allenfalls nur in ihrem Sinne verwenden sollten: die innere Energie, das Potential der Emanzipation und der Souveränität.

Hier muß leider wieder an den 11. September 2001 erinnert werden. Die Massenmordtat war nur möglich, weil phantastische (wenn auch satanisch-schwarze) innere Energien, einschließlich des Entschlusses zum Selbstmord, mobilisiert wurden, welche ein ganzes Blitzbündel von materiellen und organisatorischen Energien, die Maschinen, Treibstoffe und Flugpläne einer großen Nation gewissermaßen im Judoeinsatz um eine riesige Achse herumschwangen, ihr Vernichtungspotential voll ausnützten und ins ersehnte Todesziel schleuderten. Das einzige Werkzeug außer diesen inneren Energien und der von ihnen befeuerten Intelligenz waren Messer und Teppichschneider. Die Seelsorge der Reichsreligion muß sich ernsthaft fragen lassen, ob ihre Schäflein auf die Dauer mit den herkömmlichen Mitteln der Bedürfnisbedienung gegen solche Wolfsenergie geschützt werden können …

Aber verlassen wir das Thema innere Energie an diesem

Punkt der Nachdenklichkeit. Richten wir den Blick zurück auf die Möglichkeiten innerhalb unserer Fleischtopfkultur, die ja durchaus respektable Möglichkeiten darstellen, dem Imperium Inkassopunkte zu entziehen – Inkassopunkte, deren Summe seine Machtbasis darstellt. Wichtig dafür ist, daß dem einsamen, gegen den Strom schwimmenden Individuum geistliche, theoretische, praktische Hilfen aus der Gemeinde heraus angeboten werden. Vielleicht wird es dann, plötzlich und beglückt, feststellen können, daß sich die Strömung, gegen die es kämpfte, geändert hat und nun seine eigene Kraftanstrengung unterstützt: Sein Energieeinsatz ist effizienter geworden.

Der Wechselstrom zwischen dem einzelnen und der Nachbarschaft, der Projektgruppe, letzten Endes der Ecclesia, also der Versammlung des Volkes, kann und muß sich von Anfang an ökumenisch einspeisen. Darüber hinaus kann und muß das gemeinsame Engagement in die säkulare Zivilgesellschaft, in die größere Ökumene übergreifen und ohne Zögern ihre Ressourcen beanspruchen. Das alles ist einfach eine kulturelle »Mission« und alles andere als Proselytenmacherei, ist vielmehr die Kenntlichmachung christlicher (und im weitesten Sinne humaner) Pflicht in allerkritischster Weltstunde.

Diese Pflicht wird noch deutlicher und greifbarer, wenn man sich Zehen, Rist und Knöchel des zweiten Mammonfußes genauer ansieht: des Geldes.

5 Die Füße des Idols – II

Dieses zweite Standbein ist natürlich das Geld – im engeren Sinne. Hier ist Ehrfurcht geboten, und wir beginnen am besten mit einem Gleichnis Jesu und einer deutenden Predigt dazu:

Freunde mit dem schnöden Mammon – *Homilie und Exegese*

Da war einmal ein reicher Mann, der einen Verwalter hatte. Den denunzierte man bei ihm, er verschwende seine Güter. Der Reiche ließ ihn kommen und sprach: »Was höre ich da von dir? Gib Rechenschaft über deine Geschäftsführung, mein Verwalter kannst du nicht länger sein.« Da überlegte sich der Verwalter: »Was mach ich, wenn mich der Herr feuert? Graben kann ich nicht, zu betteln schäme ich mich. Aber ich weiß, was ich mache, damit man mich in die richtigen Häuser aufnimmt, wenn ich freigesetzt bin.«
So bestellte er die Schuldner seines Herrn einzeln zu sich. Zum ersten sagte er: »Wieviel schuldest du meinem Herrn?« Der antwortete: »Hundert Krüge Öl.« Der Verwalter sprach: »Nimm deinen Schuldschein, setz dich schnell her und schreibe fünfzig.« Zum zweiten sagte er: »Also, was schuldest du?« Der antwortete: »Hundert Malter Weizen.« – »Hol den Beleg her, schreibe achtzig.« Und der Herr lobte den betrügerischen Verwalter, daß er

klug gehandelt habe – denn die Kinder dieser Weltzeit sind klüger als die Kinder des Lichts.
Drum sage ich euch: Macht euch Freunde mit dem schurkischen Mammon, damit sie euch, wenn ihr hinscheidet, in die ewigen Wohnungen aufnehmen.

Lukas 16,1–9. Eine dreiste Geschichte. Sie war als fester Evangelientext in die alte katholische Liturgie eingebaut am neunten Sonntag nach Pfingsten, und naseweise Kirchgänger freuten sich jedes Jahr darauf, wie sich der verlegene Pfarrer oder Kaplan wohl aus dieser unmoralischen Parabel herauswinden würde.

Da ist also ein Reicher, ein *absentee landlord,* der vielleicht auf Zypern oder Rhodos sitzt und eine Hazienda in der Levante hat, die ein Manager verwaltet. Der Manager wird denunziert (es bleibt offen, ob zu Recht oder zu Unrecht), und der Reiche fackelt nicht lange, sicher ist sicher: Der Manager fliegt. Zuerst muß er natürlich noch die Bilanz erstellen, und bis die vorliegt, hat er Prokura.

Der Mann steht vor dem Abgrund, und er macht sich nichts vor. Er überprüft illusionslos seine Ressourcen, das Inventar fällt kläglich aus. Das Kirchenlatein ist hier besonders hübsch: *Fodere non valeo* – zum körperlichen Schuften fehlt mir die Kondition –, *mendicare erubesco* – beim Betteln werde ich rot bis an die Ohren. Aber seine alten geschäftlichen Geschicklichkeiten hat er noch, und so unternimmt er ein unverschämtes Manöver: Er fälscht mit Hilfe der Schuldner die Habenseite, schreibt bedeutende Außenstände ab und erwirbt sich so die Dankbarkeit der Geschäftsfreunde, die man sich nicht als arme Schlucker vorstellen darf, sondern als Subpächter oder Agenten: fünfzig Barrel Öl, zwanzig Zentner Weizen – für damalige Verhältnisse wohl stattliche Posten. Außerdem kann man davon ausgehen, daß es mit den zwei zitierten Schuldnern nicht getan ist.

Und nun die Pointe: Der *dives,* der reiche Grundbesitzer, ist reich und mächtig genug, um sich Objektivität leisten zu können. Er weiß genau, was der Defraudant gedreht hat, und findet es sozusagen kommentmäßig. So handeln eben die Kinder dieser verdammten Weltzeit, so hat er oft genug selber gehandelt, man muß sich's richten.

Eine dreiste, ja eine sardonische Geschichte. Bleibt man im Korsett bürgerlicher Wohlanständigkeit, ist sie natürlich witzlos, aber im katholischen Milieu von einst war man lieber witzlos als sardonisch. Wenn der Herr (diesmal Jesus selber) den Seinen empfiehlt, es wie der levantinische Defraudant zu treiben, weil die Kinder des Säkulums allemal schlauer seien als die Kinder des Lichts, ist die letzte Pointe eine zusätzliche Dimension – sie richtet sich gegen den *mammona iniquitatis* – den schurkischen Mammon – selbst.

Schließlich hat der seine eigene Religion, zumindest seinen eigenen Kultus und Komment. Und dessen Opfer wird der Verwalter in dem Augenblick, wo über ihn geredet wird, wo er im Verdacht steht, rote Zahlen zu schreiben. Auch wenn es nicht stimmte: Es ließe die Kurse fallen, und das wäre ein Sakrileg. Er muß den Hut nehmen.

> Der Kapitalismus ist vermutlich der erste Fall eines nicht entsühnenden, sondern verschuldenden Kultus.... Ein ungeheures Schuldbewußtsein, das sich nicht zu entsühnen weiß, greift zum Kultus, um in ihm diese Schuld nicht zu sühnen, sondern universal zu machen.
>
> (Walter Benjamin)

Aber zurück zu unserer Parabel: Der Verwalter gibt sich nicht geschlagen. Er packt Mammon selber bei den Stierhörnern. Er inszeniert eine lokale Entschuldungsaktion, er erhöht dadurch den eigenen Kredit, den er der Verfügungsmasse des Kapitalisten entnimmt, um seine Altersversorgung zu sichern. Damit profaniert, entheiligt er gewissermaßen die bedrohlichen Kultwerkzeuge des Gottes, entbindet sich vom sakralen Gehorsam und damit von der universalen Schuld, die der Treibstoff des finsteren Mammonismus ist.

Mammon, den Jesus ernst genug nimmt (»Man kann nicht zwei Herren dienen; man kann nicht Gott und dem Mammon dienen...«), wird hier, wie alle Dämonen, als letzten Endes machtlos ausgewiesen, wenn man seinen Kultus nicht ernst, d. h. nicht alternativlos hinnimmt. Man kann und darf sogar seine Werkzeuge benützen, um sich neue Freiheit zu verschaffen. Und darum geht es letzten Endes auch hier und heute. Der Kult Mammons ist in dem Augenblick allmächtig, wo man seinetwegen lebendige Wirklichkeiten opfert; wo man erlaubt, daß er sich von den Bezügen des Dienstes, und zwar eines ziemlich bescheidenen Tarifdienstes, für den Verkehr zwischen Menschen löst und verzückt um die Kultsonne der möglichst hohen Renditen kreist.

Konkret heißt das: Es gilt, das Geld von seinem Status als Absolutum, als Sakrament zu befreien, es wieder zu einem nüchternen Werkzeug zu machen. Nicht nur in gängiger Redensart, sondern auch im eifernden Ernst vieler Puristen ist schließlich das Geld selber der Götze, dessen man sich nur durch völlige Abschaffung entledigt. Doch damit bekräftigt man seinen Status als Absolutum, als kultische Macht – eine Macht, gegen die man sich nur durch kultischen Exorzismus und reinliche Abschließung zur Wehr setzen kann.

Entscheidend wäre es, sich mit möglichst vielen Schuldbeteiligten zu verständigen, die Last der Verschuldung (der materiellen, der moralischen, der gesellschaftlichen) an den Gott entscheidend zu verringern, indem man ihm steigende Mengen an Verfügungsmasse entzieht. Diese Verfügungsmasse sind, letztendlich, wir selber. Jüngst hat sich ein Kenner über die Antriebe der neuen Kleinaktionärshorden, ihren Hang zum fiebrigen Abzocken, geäußert, und drei Silben genügten zu ihrer Charakterisierung: Angst und Gier. Das ist die Eucharistie, die der Dealer Mammon an die Seinen austeilt.

Stehen wir auf, ehe der Kelch des Bösen an uns kommt,

und verlassen wir seinen Tempel. Gehen wir hinaus und machen uns Freunde mit normalen Tauschwerten, zu denen ohne weiteres auch das profanierte Wechselgeld des Götzen gehören kann, genauso wie die Steuermünze des Kaisers. Wenn wir erst so sardonisch darüber reden können wie Jesus von Nazaret, haben wir das Ärgste geschafft, denn dann haben wir einen Mythos durchbrochen: die Alternativlosigkeit des Mammon als des Zentralsakraments des Totalen Marktes.

Aber was folgt daraus für die Praxis – die alternative Praxis, die sich zur Orthopraxie verdichten sollte?

Macht – Ohnmacht – Vermächtnis

Es gehört zu den Geheimnissen Mammons, daß er im Grunde ein Abstraktum ist. Das viele Geld, über das er göttlich herrscht, ist gar nicht seines, es ist in selten bedachtem Maße das unsere. Der große Hort besteht nicht nur aus den Billionen der globalen Finanzspiele, sondern auch aus den vielen, vielen Konten und Depots und Renten und, Gott behüte, den Aktien und Kleinaktien, die viele fleißige Menschen in den wohlhabenden Ländern (und nicht nur dort) seit 1945 zusammengetragen haben. Sie sind alle Teil der Mammonmacht. Jeder Zeichnungsberechtigte, der einen Scheck ausstellt oder einzahlt, der eine Aktie kauft oder verkauft oder eine Leibrente erwirbt, nimmt aktiv an den inneren und internationalen Bewegungen des großen Horts teil; er ist, als Zeichnungsberechtigter, mitverantwortlich – so oder so.

Zur Zeit steckt diese Mitverantwortung in einer besonders heißen und sehr konkreten Phase. Von den fünf oder sieben oder neun Billionen deutschen D-Mark-Vermögens zum Beispiel gerieten und geraten mindestens zwei (also eine Zwei mit zwölf Nullen) in den Erbgang, schießen aus einem trügerisch-trägen Stau in die große biologische Floßgasse ein, werden von einer Generation auf die nächste transferiert. Der Schatz wurde von Menschen angehäuft, die noch den grimmigen Rockefeller-Idealen des Bedürfnisstaus und der Akkumulation verpflichtet waren.

Dies ist genau der Zeitpunkt, wo gehandelt werden kann und muß. Über diese Billionen kann verfügt werden, und es muß im Sinne einer bewohnbaren Zukunft darüber verfügt werden.

Tatsache ist, daß das selten geschieht. Was Verfügung über Geld betrifft, sind wir meist kleine Leute, selbst wenn sich das Akkumulierte im Siebenstelligen bewegt. Es gibt Banken, es gibt Bankfilialen, es gibt Vermögensberater jeder Art, sie kommen uns mit ihrer Kompetenz, kommen uns mit höheren Renditen – und vor allem mit der Aussicht, daß sie uns die Verantwortung abnehmen. »Leben Sie – wir kümmern uns um die Details!« So wirbt eine Bank frech um unser Vertrauen, d. h. um die Verfügungsmacht über unser Geld. Und in der Regel unterschreibt der Kunde; er läßt, wie das so schön heißt, sein Geld für sich arbeiten.

Aber das kann gar nicht stimmen. Geld arbeitet nicht, nie und nirgends. Wer oder was arbeitet, ist eine Fabrik in Bottrop oder Bangalore, sind Rotten von Burschen mit Motorsägen, die Regenwälder abräumen, sind Bergleute in den Kupferminen Afrikas, ist vielleicht ein malaiischer Matrose, der für seinen betrunkenen Kapitän einen Zweihunderttausendtonnentanker durch die Schären Alaskas bugsiert, sind Genschnipsler in wohldotierten Labors, die an viereckigen Tomaten oder Wollmilchsäuen basteln.

Von alledem wissen wir nichts, wollen wir gar nichts wissen. Es zieht uns nicht in die Hauptversammlungen. Wir unterschreiben die Vollmacht für die Bank, die uns der nette Herr von der Filiale über den Tresen hinschiebt, auf der gepunkteten Linie. Die Banken kontrollieren sich dann selber. Sie, zusammen mit den Versicherungen und den Energiekonzernen, stellen die höchstmögliche Rendite sicher. Mit anderen Worten: Sie verstehen es als ihre Pflicht, den biologischen und sozialen Ruin des Planeten zu beschleunigen. Anders ist ihre Selbstverpflichtung nämlich nicht einzulösen.

Was tun gegen solche Übermacht? Gegen die lückenlose Mauer der Finanz und des Marktes? Kerkert sie uns nicht von allen Seiten ein? Sind wir nicht verdammt, in diesem Kerker zu bleiben?

Nein.

Im Epos vom verlorenen Paradies des englischen Dichters John Milton steht der wundervolle Satz: *The gates of hell are locked from within* – die Tore der Hölle sind von innen versperrt. Der wichtigste Riegel, der uns von der Einsicht ins Notwendige fernhält, ist die selbstverordnete Ohnmacht. Erben und Erblasser sind zeichnungs-, also zukunftsberechtigt. Sie entscheiden letztendlich, wo das Geld hingeht. Die Riegel, welche den Weg in die freie und sinnvolle Verfügung blockieren, funktionieren in den Gehirnen und im Solarplexus. Um sie zurückzuschieben, bedarf es zunächst einer inneren Befreiung von fixen Ideen über das Geld und das gute Leben.

Was ist der Sinn eines Erbes? Absicht des Erblassers ist es doch wohl, seinen Nachfahren eine Welt zu sichern, in der sie es mindestens ebenso gut wie die Vorfahren haben sollen. In vergangenen Zeiten wurde das dadurch sichergestellt, daß man den Reichtum im Familienverband zu vermehren trachtete und ihn dann der Sippe hinterließ. Dabei ist es in den Köpfen der meisten und gerade der meisten Reichen geblieben. Sicher, es gab Legate für diesen oder jenen wohltätigen oder musischen Zweck; aber niemand fiel es ein zu bezweifeln, daß man zunächst den Seinen bessere Chancen für die Zukunft verschaffen sollte.

Solcher Zweifel ist heute unvermeidlich. Wenn die Bedingungen, unter denen heute der Reichtum vermehrt und gebunkert wird, den ehernen Gesetzen der Lebenswelt zuwiderlaufen, wenn die Weitergabe von Reichtum unter dem Vorzeichen unwissender Ohnmacht erfolgt und wenn gerade die traditionell »sichersten« Anlageformen auf die sicherste und rascheste

Zerstörung des Erbes der Menschheit, des biosphärischen Erbes, hinauslaufen – dann ist die gute Absicht wie ein Handschuh umgedreht.

Gelingt es, aus dieser Einsicht die nötigen praktischen Konsequenzen zu ziehen, dann sieht die Welt anders aus. Dann würde das ausbeuterische Treiben der Renditewirtschaft mit einer echt kommunitären Initiative konfrontiert, die sich in einer Kette von alternativen Stiftungen verleiblichen könnte. Sie würden rasch in die Lebenswelt zurückwirken – über regenerative Energiefonds etwa, die eine Fülle von neuen Arbeitsplätzen schaffen könnten, von der Entgiftung unserer Lebensgrundlagen einmal ganz abgesehen. Und die Wohltaten, die aus der Stiftung und Erweiterung alternativer Pädagogik, aus der Entwicklung zivilgesellschaftlicher Verantwortung, aus sinnvoller Jugendarbeit und der Vitalisierung neuer und alter kultureller Formen erblühen könnten, gehören ebenso wahrhaftig zum Erbe unserer Kinder und Enkel – wichtiger für sie als die Fortschreibung der mörderischen Konditionen des Totalen Marktes.

Das zentrale Problem des Mammonismus, den Kern seiner Herrschaft, haben wir damit allerdings noch nicht erreicht. Aber bei der orthopraktischen Disposition des Erbes kommt dieser Kern sehr rasch in Sicht.

Zinsknechtschaft und ihre Alternativen

Das globale Finanzwesen ist nach einem ebenso alten wie ruchlosen Prinzip organisiert: dem Prinzip des Zinseszinses. Jeder Hauptschüler mit Taschenrechner kann sofort feststellen, daß dieses Prinzip weltmörderisch ist. Seine Aggressivität ist sozusagen eingebaut; wer es sich leisten kann, Geld zur Verfügung zu stellen, läßt sich dafür bezahlen, wer es benötigt, muß die Zinslast tragen. Dabei ist es völlig unnötig, von den abenteuerlichen Zinssätzen orientalischer Dorfwucherer auszugehen; es genügt die Handformel »70 : x %«, um zu errechnen, in wieviel Jahren sich eine Schuld (und natürlich auch ein Ausleihkapital) verdoppelt. Die Umverteilung des Reichtums von unten nach oben ist damit zwangsläufig gegeben.

Es gibt Alternativen

Dieses Geldsystem wird als selbstverständlich betrachtet, als alternativlos – TINA. Aber das ist es keineswegs. Es gibt bargeldlose Tauschsysteme, die sogenannten LETS (Lokale Tausch- und Handelssysteme), die regional gut funktionieren oder wenigstens funktionieren können. Es gibt Rabattsysteme wie etwa die »Miles &More«-Angebote der Fluggesellschaften, die zweckgebundenes Vermögen für Vielflieger schaffen. Es gibt Notgeld wie die *créditos* im krisengeschüttelten Argentinien, das seine offizielle Währung unvorsichtigerweise an den Dollar gekettet hat. Und es gibt darüber hinaus theoretische, ja sogar praktisch erprobte Ansätze, die auf einer gänzlich anderen Perspektive beruhen.*

Deutet man etwa Geld als eine Tauschware wie jede andere, wird sofort das Gegenteil logisch: Alterndes, vor allem müßig alterndes Geld würde sich abnützen und an Wert verlieren, würde zum Schwundgeld. Es war der Deutschargentinier Silvio Gesell, der diese Theorie systematisch durchdachte – und, wie es sich für einen gewissenhaften Theoretiker gehört, auch Beispiele für solche Währungen fand: das Brakteatengeld des späten Mittelalters und die jahrhundertelang genützte Währung des alten Ägypten.

Die krisengeschüttelte Zwischenkriegszeit zwischen 1920 und 1930 sah dann zwei praktische Erprobungen des Schwund-

* Erst kürzlich hat der Exbanker Bernard A. Lietaer zu diesem Thema zwei höchst instruktive Bücher verfaßt: *Das Geld der Zukunft* und *Mysterium Geld* (München 1999, 2000).

gelds – eine in Mitteldeutschland und eine zweite, die als das »Wunder von Wörgl« bekannt wurde. Beide haben sich durchaus bewährt; es gab sogar US-amerikanische Pläne, dergleichen als Antirezessionsrezept in den USA einzuführen, denen F. D. Roosevelt mit seinem *New Deal* ein Ende machte.

Und Wörgls Freigeld wurde von der Wiener Staatsbank zu Fall gebracht – Mammon läßt seiner nicht spotten.

Leihen und Schenken

Hier ist nicht der Platz, die Schwundgeldtheorie in allen ihren Weiterungen aufzudröseln; zudem würde wieder der Staatsanwalt tätig werden, wenn man ernsthaft das staatliche bzw. europäische Währungsmonopol in Frage stellen würde. Aber ein Teil der heilsamen Effekte könnte durchaus durch entsprechende Kreditsysteme, durch eine neue Art von elastischem Banking, erzielt werden: von Banken wie etwa der Genossenschaftsbank in Bochum, die sich ausdrücklich »Gemeinschaftsbank für Leihen und Schenken« nennt. Sie organisiert nicht nur Stiftungen und Nachlässe, sondern auf Wunsch niedrigzinsliche oder auch zinslose Darlehen auf möglichst persönlicher Basis, Darlehen etwa für biologische Betriebe, die dann in Naturaldeputaten amortisiert werden, und ähnliche Vereinbarungen.

Diese Bank ist eine Schöpfung von Anthroposophen; aber muß sie die einzige bleiben? Sind nicht auch kirchliche bzw. ökumenische Banken denk- und wünschbar, die dezentral, aber vernetzt auf diese Weise tätig werden könnten? Besonders wichtig wäre ihre Zusammenarbeit mit und ideenreiche Verwaltung von Stiftungen, die, gezeugt von biosphärischem Verantwortungsgefühl, den Vermögen oder Erbschaften entsprießen – bis zur Reife eines alternativen Regional- bzw. Nationalvermögens, das auch die Trägerschaft von alternativer Energie und Landwirtschaft einbezieht.

Worum es geht, ist die Rückführung des Geldes zum angenehmen Tauschmittel.

Voran zur evolutionären Behutsamkeit

Worum es darüber hinaus aber geht, gehen muß, ist eine Alternative zur Raserei auf der Autobahn des Totalen Marktes, die Entwicklung einer Orthopraxie, die zum Asyl für das Langsame, Behutsame, Vielfältige werden kann, welches die Evolution zum Fortgang der Schöpfung benötigt. Ein Asyl auch für alle Mitmenschen, die sich weigern, den digitalen Schweinsgalopp mitzumachen – oder die einfach nicht die Kondition dafür haben.

Die mögliche zivilisatorische Bedeutung eines solchen Weges der Kirchen und mit ihnen einer alternativen Zivilgesellschaft liegt hier auf der Hand. Nicht an Doktrinen und theologischen Distinktionen wird man dann die Kirchen erkennen, auch nicht an den Postern für Seelenservice, sondern an einer Praxis, einer Orthopraxie des Mutes und der Hoffnung.

6 Und die Politik?

Wie wird sich die Politik, wie wird sich die Welt der Macht und der sogenannten Sachzwänge zu einer solchen offenen Konfrontation stellen?

Die Frage ist nicht sehr präzise, Gliederung ist nötig. Zunächst geht es um die Politik als reinen Begriff, als ein ethisches und humanes Sollen. Politik hat, wie es in den Amtseiden der Regierenden schlicht heißt, Schaden vom Volke abzuwenden und sein Heil zu fördern. So verstanden kann und muß die Politik ein verfaßtes Christentum, das sich gegen den programmierten Selbstmord der Menschheit stemmt und offen den zivilisatorischen Auftrag der »Bewahrung der Schöpfung« übernimmt, als Bundesgenossen begrüßen und fördern. Die Gesundheit der Lebenswelt, die Verteidigung der Allmende der Völker und der Menschheit gegen die tödliche Vereinnahmung durch den Totalen Markt, müßte als gemeinsames vordringliches Anliegen, als gemeinsame Aufgabe sofort erkennbar sein.

Der erkennbare Auftrag

Jüngste Ereignisse machen diesen Auftrag konkret und plastisch. Sie zeigen die extreme Verwundbarkeit und Instabilität einer Gesellschaft auf, die sich (halb gezogen, halb hinsinkend) nach den Erfordernissen des Totalen Marktes und seiner

Seelsorge organisiert hat und nun nicht nur ihren gigantischen weichen Unterbauch den gezielten Projektilen des Terrors anbietet, sondern das ganze Gerüst der Angebotsökonomie ins Rezessionsgewackel bringt.

Es ist töricht und lächerlich, dieser Herausforderung mit den geballten Stoff- und Energiemassen der High-Tech-Rüstung zu kommen, während man gleichzeitig die Exporterlöse für Mittel- und Kleinwaffen ins politisch Unbekannte unbekümmert einstreicht. Hornissenschwärme mit Raketen erledigen zu wollen ist nicht praktikabel.

Es ist töricht und lächerlich, Primärquellen der Stromerzeugung beizubehalten, die unter den gegenwärtigen Umständen zu Vernichtungsmaschinen halber Kontinente werden können.

Es ist töricht und lächerlich, Rohstoffe und Güter über Hunderte und Tausende von Kilometern kreuz und quer durch die Welt zu transportieren, diesen Transport durch offene und geheime Subventionen noch zu erleichtern und damit Tausende von Hinterhalten, Tausende von Sabotagemöglichkeiten zu schaffen, die dem gefürchteten Gegner im Schatten ein unerhörtes Störpotential zuspielen.

Eine weitschauende Politik sollte solche Torheiten und Lächerlichkeiten durchschauen und schleunigst Abhilfe schaffen.

Sie sollte aber auch nicht einfach zu den alten keynesianischen Rezepten zurückkehren, wenn das Schreckgespenst von gestern und vorgestern zurückkehrt: die große Rezession.

Nun ist überall das Gegenteil wahrzunehmen. Alle Torheiten und Lächerlichkeiten werden unter dem Etikett der »zivilisierten Welt« zusammengefaßt und als heiligste Güter dieser Zivilisation jeder rationalen Diskussion entzogen. Benzinfresser und Internetsurfing, Urlaubsflüge und Börsenrenditen – der gesamte Kramladen des Bruttosozialprodukts wird zu heiligen Gütern der Nationen: Solidarität als Intelligenzbremse.

Wie kam es dazu?

Der Politikbetrieb, wie er sich eingespielt hat, ließ wohl kaum einen anderen Entwicklungsweg offen. Der letzte »wirkliche« politische Aufstand gegen die Reichsreligion war in Amerika der breite Protest gegen den Vietnamkrieg – und hierzulande im Gefolge des 68er-Bebens die sogenannte Ökopax-Bewegung. Sie war noch imstande, die Fragezeichen unserer mammonistischen Zeit auf eine genügend breite Bewußtseinsleinwand zu werfen. Der Versuch, aus ihr eine politische Partei, die Grünen, zu entwickeln, war zunächst erfolgreich, wurde aber mehr und mehr vom Getriebe der Alltagspolitik neutralisiert.

Die Gründe dafür liegen auf der Hand. Politische Parteien sind auf Stimmen angewiesen, und die Stimmenmehrheiten ergeben sich aus den Stimmungen der Mehrheit. Diese Mehrheit ist durch die generationenlange Seelsorge der Reichsreligion (mit den Hauptantrieben »Gier« und »Knappheit«) in einen Zustand geraten, der einerseits keine wesentliche Senkung der Ansprüche, andererseits keine ruhige, distanzierte Beurteilung der notwendigen Schritte in die Zukunft erlaubt.

Da Parteien die Wähler da »abholen« müssen (oder glauben, sie da abholen zu müssen), wo sie momentan stehen bzw. wo sie die Seelsorge der Reichsreligion hinplaziert hat, und da ein immer kurzatmigeres Politmanagement zu geduldiger Aufklärung offensichtlich nicht mehr imstande ist, haben wir uns damit abzufinden, daß aus der Tages- und Umfragepolitik heraus keine Rettung der Biosphäre geplant werden kann, solange die Macht der Reichsreligion über Herzen und Bäuche unbeeinträchtigt bleibt. Das ist der (objektiv so tödliche, subjektiv so kuschelige) Zustand der Alternativlosigkeit. TINA.

Beeinträchtigung kann solche Herrschaft nur dann erfahren, wenn aus dem vor- und außerpolitischen Raum eine gesellschaftliche Kraft ersteht, die das eigentliche Zentralthema des beginnenden Jahrhunderts wieder zum unvermeidbaren Diskussionsgegenstand macht, unter- oder oberhalb aller Schießgalerie- und Fußballspiele des üblichen Öffentlichkeitsbetriebs. Die erwachende Antiglobalisierungsbewegung läßt hoffen, daß mehr und mehr Menschen diese Notwendigkeit begreifen. Und es kann kein Zweifel bestehen, daß eine klar artikulierte Parteinahme der Kirchen (und Religionen) für die Zukunft, eine vitale Theologie, Homiletik und Pädagogik, welche die Verhängnisnetze der Reichsreligion mit ihren eigenen Mitteln beleuchtet und erkennbar macht, der Alternative gegen die Alternativlosigkeit mächtige Impulse geben kann und wird.

Kirche und Staat

Besondere Aufmerksamkeit verdient in diesem Zusammenhang das grundsätzliche Verhältnis von Kirche und Staat. Der erste Gedanke, die erste Folgerung ist selbstverständlich die Forderung der möglichst sauberen Trennung: Wie schon besprochen, läuft die Zeit der konstantinischen und post-konstantinischen Arrangements ab, und die umfassenden gottfeindlichen Systeme, die mehr an menschlicher und biosphärischer Substanz verzehren als je irgendein antikes Heidentum, konfrontieren die Kirchen mit der Notwendigkeit furchtlosen und absoluten Zeugnisses. Was haben da noch die alten, halbfeudalen Verträge unserer mitteleuropäischen Breiten zu suchen? Sie aufzukündigen wäre keineswegs ein Affront gegen den demokratisch-freiheitlichen Staat, im Gegenteil. Der Vollzug solcher Trennung wäre (wenn in der politischen Klasse überhaupt noch ein Sinn für Grundwerte pocht und atmet) der durchaus freundschaftliche Hinweis darauf, daß Solidarität der Kirchen mit der Zivilgesellschaft überall da und dann fruchtbar werden kann, wenn sich diese Gesellschaft ihrerseits entschließt, aus der Sklaverei auszubrechen, in die sie die globale Reichsreligion gesteckt hat. Wir, die Kirchen, müssen ausziehen aus dem Sklavenhaus, so etwa würde der Hinweis lauten – gehet hin und tuet desgleichen.

Doch wäre ein solcher weithin sichtbarer Exodus wirklich die beste Strategie? Man bedenke: Die alten und jüngeren Verträge (in der Schweiz reichen einige bis ins Spätmittelalter zurück, der noch wirksame im Elsaß auf ein preußisch-kuriales Konkordat aus dem 19., einige Länderkonkordate, wie das bayerische, wurden im 20. Jahrhundert modernisiert, und dann ist da natürlich das berühmt-berüchtigte von 1933) räumen den Kirchen Wirkungsmöglichkeiten ein, die den Umbau der Gesellschaft wesentlich beschleunigen könnten.

Ein Beispiel: der Religionsunterricht in den Schulen. Entschließen sich die Kirchen, die Realität der Reichsreligion (und damit die Realität der biosphärischen Gefahr als *status confessionis*) in ordentliche Lehrpläne einzubauen, gerieten die Kultusministerien in beträchtliche Verlegenheit. Sie müßten sich dann entweder im monarchistisch-aufklärerischen Stil des 18. Jahrhunderts in die kirchliche Verkündung einmischen – oder sie müßten ihrerseits die Trennung von Kirche und Staat forcieren, und zwar mehr oder weniger im Auftrag des Totalen Marktes – was so oder so eine erfreuliche Klärung, für die Politik aber eine beträchtliche Peinlichkeit bedeuten würde.

Ein weiteres Beispiel: wachsende Anteile der Kirchen an einer regenerativen Energie- und Stoffwirtschaft sowie finanzielle Dienste außerhalb des Zinseszinssystems. (Sie könnten tatsächlich, wenn sorgfältig geplant und durchgeführt, den materiellen Zustand der Kirchen nach einer Trennung von den alten Verträgen vorbereiten.) Gelänge dies alles erfolgreich, würde die Reichsreligion wohl nicht allzulange zusehen, und die Politik, der Staat, die Regierungen, die herkömmlichen Parteien sähen sich einer Situation gegenüber, in der sie entweder, gegen alle Legalität, als Büttel für den Totalen Markt tätig werden – oder ihm zusammen mit den alten Christentümern unmittelbar widerstehen müßten.

Bis zu einem gewissen Grad ist dies im heutigen Deutschland schon durch die Reibungen in der Asylpraxis vorgeformt. Die Kirchen – besser: kirchliche Gemeinden – beherbergen mehr oder weniger offen einzelne und Familien, denen die Paragraphen der Fleischtopfkultur die Abschiebung androhen, oft genug unter Umständen von schauerlicher Inhumanität. Der Legalismus dahinter weiß natürlich genau, daß er im Sinne des »gesunden Volksempfindens« handelt, wenn er abschiebt (obwohl es da Überraschungen gibt – ganze politische Gemeinden, die sich geschlossen für einen längst integrierten Nachbarn einsetzen); aber gegen die Kirchen, gegen die alten Verbündeten seit 312, will man dann doch nicht allzu brutal vorgehen. Eine Konsequenz daraus ist der famose Vorschlag des Innenministers, den Kirchen eine »Quote« der Illegalität zu genehmigen, eine gewisse Anzahl von Beherbergten, für die sie dann allerdings materiell sorgen müßten.

Sollten es die Kirchen fertigbringen, ohne Aufkündigung der alten Verträge konsequent gegen die Alternativlosigkeit (TINA) des Totalen Marktes ihre eigenen Alternativen zu setzen, wäre die Politik in einer Übergangsphase wohl zu Dutzenden solcher Verlegenheitslösungen gezwungen, und die Kirchen wären ihrerseits frei, solche Zwänge auszuloten.

Wahrscheinlicher ist allerdings, daß den wahrhaft Mächtigen der Geduldsfaden reißt, so wie er ihnen in Lateinamerika gerissen ist. Natürlich ist nicht vorauszusehen, welche Formen der Konflikt dann in unseren alten Fleischtopfkulturen annehmen würde – jedenfalls würden sich die Politiker, selbst wenn sie nur noch als WC-Personal für den Totalen Markt tätig sind, sehr schwertun, die Kirchen innerhalb oder am Rande der Legalität zurechtzustauchen.

Solche Überlegungen sind sicher zweitrangig, sind vielleicht nicht einmal mehr eine Sache der Strategie, sondern der Taktik. Das Politische im eigentlichen Sinne, der politische Auftrag, der im Grunde schon heute als Pflicht wahrgenommen werden müßte, ist die stete Anstrengung, in den Köpfen und

Herzen den Ernst der Weltstunde erfaßbar zu machen, der verhüllten Selbstmordtendenz des Systems dadurch entgegenzutreten, daß man sie überall kenntlich macht, und die Objekte der Reichsseelsorge zum Schwierigsten aufzufordern, was sie sich nur vorstellen können: zur Verantwortung für Kinder und Enkel.

Genau dies sind auch die Prüfsteine, an denen die Taten und Unterlassungen der Politik zu messen sind. Und die Kirchenchristen sollten keinen Augenblick vergessen, daß sie auch ihre eigenen Prüfsteine sind.

Fazit

1 Exitus?

Franz Kafka und andere:

Der Jüngste Tag findet jeden Tag statt.

Dann ist jeder Tag ein Tag des Gerichtsverfahrens.

Der gegenwärtige Stand des Verfahrens ist spannend für die Evolution, aber sehr schlecht für den Menschen.

Wir stecken im größten Fauna- und Floraschnitt der Erdgeschichte. Wir stecken in einem Klimawechsel, der vielleicht zum ersten Mal in dieser Geschichte die ausgleichenden Fähigkeiten der Biosphäre übersteigt. Der jähe Umschlag in ein ganz neues Gleichgewicht ist nicht unwahrscheinlich. Für die Art *homo sapiens sapiens* böte es vermutlich keine Heimat mehr.

Ein solcher Umschwung wäre die direkte Folge unserer menschlichen Errungenschaften, insbesondere ihrer unkontrollierten und unreflektierten Anwendung.

Mitten in dieser evolutionären Krise hält es der umtriebigste Teil der Menschheit nicht nur für möglich, sondern für opportun, eine äußerste und globale Deregulierung aller möglichen Kontrollen sowie eine äußerste Vergröberung der kulturellen Reflexion zu fördern – bis zum Punkt der scheinbaren Alternativlosigkeit, die alle Züge einer fundamentalistischen Reichsreligion trägt. Die Auswirkungen ihrer Expansion und ihrer Seelsorge zersetzen sowohl das politisch-demokratische als auch das kulturell-moralische System.

Politische Abhilfe ist vorläufig nicht in Sicht. Politische Parteien, die in verschiedenen Wohlstandsländern mit dieser Absicht angetreten sind, verschwinden im Konsens, weil sie wie alle anderen von Mehrheitsstimmungen abhängig sind. Diese Mehrheitsstimmungen sind durch die Seelsorge der Reichsreligion an die TINA-Weltsicht gewöhnt worden; zusätzlich schieben sich vordergründige Umwälzungen und Krisen (viele von ihnen längst schon Konsequenzen der biosphärischen Kernkrise) als Scheuklappen der Verblendung vor das Gesichtsfeld. Deshalb beschränkt sich die politische Klasse auf Ordnungs- und Entsorgungsarbeiten für den Totalen Markt, funktioniert musterhaft in seinem Sinne.

Radikale Änderungen der Energie- und Stoffbasis, die eine wirkliche Wende, die Wendung vom Verbrauch zur Verwertung, bringen könnten, sind nicht vorgesehen.

Blinde, monokausal vorangetriebene Verlängerung der Lebenserwartung und technische Manipulation am genetischen Erbe sind Vorboten, ja teilweise schon Realisierung der ständig wachsenden Last an Entscheidungen, die bisher höherer Gewalt (*acts of God*) vorbehalten waren. Sie schwächen die Zentrifugalkraft des Todes, der unentbehrlichen Verkehrsform des Lebens, und gehen damit zwangsläufig auf Kosten der Jugend, die ihrerseits außerstande ist, dagegen einen kraftvollen Widerstand zu formen – sie kann sich der Seelsorge der Reichsreligion, dem Konsumismus, nicht entziehen.

Doch es gilt: Wer über Kinder und Enkel redet und diese Tatsachen verschweigt, gibt falsches Zeugnis. Wer an der bisherigen Energie- und Stoffbasis festhält, aber über Nachhaltigkeit redet, der lügt. Wer an einer Wirtschaftswissenschaft festhält, die sich dringend notwendige Modelle der Schrumpfung, der Reduktion, nicht vorstellen kann, verhindert das Notwendige. Wer sich mit Öko-Ablaßkrämerei, mit reiner Reparaturtechnologie, mit einem Schrebergärtlein »Politikfeld Umwelt« salvieren will, der ist schon gerichtet.

2 Exodus!

Unter der Kuppel des Reichspantheons drängeln sich die Religionsboutiquen vom Amulettenkeller bis zu den erlauchten Emporen der höheren Meditation, darunter natürlich auch die Christentümer, von den bunten kleinen Freikirchen bis zu den majestätischen alten Orthodoxien.

Diese wurden anno 312 von Konstantin kaiserlich eingekleidet. Seitdem sind sie Teil des moralisch-kulturellen Systems, zwar noch geehrt – wenn auch immer flüchtiger –, doch kaum noch gehört, im Grunde schon verachtet.

Was haben sie anzubieten, was die neueren, poppigen Boutiquen nicht preiswerter führen? Seelentrost? Elixiere gegen den Zweifel, den Überdruß, Versicherung sicherer Entrückung nach dem großen Knall? Moralische Festigkeit inmitten des rauschenden Luderbetriebs?

Nein. Das genügt nicht. Selbst wenn sie es selber nicht besser wüßten.

Was sie anzubieten haben, was sie anbieten müssen, ist Verantwortlichkeit und Verantwortung.

Seit Jahrtausenden sind sie an der Architektur des Reiches beteiligt. Sie haben globalisiert, längst ehe es das Wort gab. Als Missionare, Feldkapläne, Chefideologen haben sie den Boden bereitet, zuerst für die Flotten und Musketen, dann für die Trader und Prospektoren und Walzmüller und Ölbohrer. Sie prägten eine Welt, in der sie nicht mehr benötigt werden – höchstens für die Anfertigung von moralischen Alibis.

Nun liegt es an ihnen, ob sie das akzeptieren wollen.

Es liegt an ihnen, ob sie die proklamierte Alternativlosigkeit des Totalen Marktes, dieses neuen Imperiums, schweigend hinnehmen – oder ob sie den Widerstand dagegen zu ihrer zentralen Pflicht machen.

Es liegt an ihnen, ob sie zusehen wollen, wie die Seelsorge des Totalen Marktes die Seelengrundlagen für ihre Botschaft zerfrißt.

Es liegt an ihnen, ob sie zusehen wollen, wie die Praxis des Totalen Marktes die Lebensgrundlagen der Menschheit zerstört.

Es liegt an ihnen, ob sie der Ohnmacht der Gewissen, der Zersplitterung der Verantwortung in einer Kultur der kollektiven Selbstmordvorbereitung, aktiv und konkret, in Verkündung und Orthopraxie, entgegentreten oder nicht.

Zusammengefaßt: Es liegt an ihnen, ob sie die drohende erd- und menschheitsgeschichtliche Katastrophe in einem heilsgeschichtlichen Zusammenhang, also in einem religiös bedeutungsvollen Zusammenhang, sehen oder nicht.

Tun sie dies nicht, überlassen sie langfristig die bisherige Lebenswelt der Zerstörung.

Tun sie dies nicht, bleibt ihnen nur der Rückzug in den naiven Fundamentalismus, der die Verantwortung zurückweist und auf Erlösung von außen und oben setzt, ohne sich der Vermessenheit solcher Hoffnung bewußt zu werden.

Das wird so oder so nicht leicht werden. Das kann sogar sehr, sehr schwierig werden, wie die Kirchengeschichte beweist. Aber wenn man sich einmal den religiös-fundamentalistischen Charakter und vor allem die Allmachtspraxis des Totalen Marktes klargemacht hat, ist es schwierig nachzuvollziehen, wie die Christentümer eine solche Konfrontation vermeiden wollen, ohne ihre eigene Zukunft und vor allem ihren Heilsauftrag in Frage zu stellen.

Der Exodus ist angesagt.

3 Exit

Wird er gelingen?

Werden wir noch rechtzeitig die Abfahrt von der vierspurigen Bahn des Verderbens gewahren, sie entschlossen benutzen, auch wenn sie zunächst scheinbar ins Unwirkliche führt?

Es ist unwahrscheinlich.

So oder so, und selbst wenn es gelingt: Daß wir, wie Rilke vorschlug, »am Ausgang der grimmigen Einsicht Jubel und Ruhm aufsingen zustimmenden Engeln«, ist ebenfalls unwahrscheinlich.

Es geht nicht um Jubel und Ruhm. Es geht um eine erste, schlichte Bewährung, der noch viele folgen müssen – sozusagen um die mittlere Reife der Menschheit.

Dahinter gilt es neue Kulturen zu schaffen; Kulturen der wirklichen Emanzipation, der Herrschaft über unsere Bedürfnisse, des synergetischen Zusammenlebens mit den Bedingungen der Schöpfung.

Darüber reden wir später.

Nachwort

Einzelne, nach Namen gesonderte Danksagungen wären sinnlos. Dieses Buch beansprucht keine große Originalität, es ruht breit auf zwei Generationen von Denkern gegen den Zeitgeist – von Barry Commoner, Ivan Illich, Ernst Friedrich Schumacher, Edward Goldsmith bis zu Peter Kafka, Franz J. Hinkelammert und Hans-Jürgen Fischbeck. Es hat vielleicht die eine oder andere innere und äußere Verbindung aufgezeigt, die eine oder andere bisher nicht gezogene Konsequenz. Es ist zu hoffen, daß ihm dies sein Lebensrecht gibt.

Ganz persönlichen Dank schulde ich den Freunden vom Institut für weltanschauliche Fragen in Zürich, die dem Text (und mir) aus einem bedenklichen Stau geholfen haben.

Der 11. September 2001 zwang leider zu keiner Revision.

Die Widmung erklärt sich aus Kapitel II. 8.

München, Herbst 2001.
Carl Amery